图解 英语音标
速记1000词

主编　鲁海洁　富昕辉

编委　曹　昔　王　霞　孙建峰
　　　刘克红　张昱宁　张雅利

绘　　张　慧

中国宇航出版社

·北京·

图书在版编目（CIP）数据

图解英语音标速记1000词 / 鲁海洁，富昕辉主编；
张慧绘. -- 北京 ：中国宇航出版社，2022.3
ISBN 978-7-5159-2022-1

Ⅰ. ①图… Ⅱ. ①鲁… ②富… ③张… Ⅲ. ①英语－
音标－自学参考资料 Ⅳ. ①H311

中国版本图书馆CIP数据核字(2022)第003645号

策划编辑 甄薇薇		**装帧设计** 宋 航 李 松	
责任编辑 甄薇薇		**责任校对** 马晓菲	

出 版
发 行　　**中国宇航出版社**

社 址　北京市阜成路8号　　　　邮 编　100830
　　　　（010）60286808　　　　（010）68768548
网 址　www.caphbook.com
经 销　新华书店
发行部　（010）60286888　　　　（010）68371900
　　　　（010）60286887　　　　（010）60286804（传真）
零售店　读者服务部
　　　　（010）68371105
承 印　北京天顺鸿彩印有限公司
版 次　2022年3月第1版　　　2022年3月第1次印刷
规 格　710×1000　　　　　开 本　1/16
印 张　10.5　　　　　　　　字 数　275千字
书 号　ISBN 978-7-5159-2022-1
定 价　45.00元（附赠外教朗读音频）

本书如有印装质量问题，可与发行部联系调换

前言 Preface

　　音标对于英语学习者而言有着重要作用，一方面有助于拼读单词，提高单词识别和记忆效率；一方面掌握发音要领后，有助于培养良好的英语发音习惯，练就标准发音，提升学习者英语水平。

　　英语音标有 48 个，其中 28 个辅音，20 个元音。本书划分为两部分，第一部分学习辅音，首先用对比的方式依次学习清辅音和浊辅音，如 [t] 和 [d]，然后学习鼻辅音 [m] [n] [ŋ]、半元音 [w] [j] 和舌侧音 [l]。第二部分学习元音，先从 7 个短元音学起，再到 5 个长元音，8 个双元音。

辅音	清辅音	[p]	[t]	[k]	[f]	[s]	[θ]	[ʃ]	[h]	[tʃ]	[ts]	[tr]
	浊辅音	[b]	[d]	[g]	[v]	[z]	[ð]	[ʒ]	[r]	[dʒ]	[dz]	[dr]
	鼻辅音	[m]	[n]	[ŋ]								
	半元音	[w]	[j]									
	舌侧音	[l]										
元音	短元音	[æ]	[e]	[ɪ]	[ə]	[ɒ]	[ʌ]	[ʊ]				
	长元音	[ɑ:]	[i:]	[ɔ:]	[ɜ:]	[u:]						
	双元音	[aɪ]	[eɪ]	[ɔɪ]	[aʊ]	[əʊ]	[ɪə]	[eə]	[ʊə]			

　　本书用简明易懂的语言描述每个音标的发音方法，并配有发音器官图和真人口型图，可直观掌握该音标的发音方式。同时编者结合初学者常见词汇，选择有代表性的单词，引导学习者归纳总结字母和字母组合的发音规律。初步掌握发音规律之后，编者又精选包含本节音标的单词，巧妙编写趣味小短文，并邀请经验丰富的绘者绘制幽默插图，以图文结合的形式呈现，将传统枯燥的音标学习变得轻松、有趣、高效。此外，书中编写了韵律感十足的短句以及经典绕口令，有针对性地反复练习，实现速记词汇的效果。最后，书中还设置了灵活有趣的小练习，以巩固所学内容，熟记并强化词汇运用。

使用说明 User's Guide

双唇紧闭，突然放开，气流从口腔内冲出，爆破发声，声带不振动。

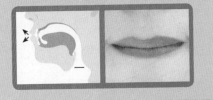

1 图解发音

精练的发音讲解，搭配发音口型图示范，帮助掌握正确发音方法。

2 发音规律

通过学习常见词汇的发音，引导学习者总结和掌握字母、字母组合的发音规律。

读音归纳

读单词，听发音，总结发音规律

pants → [pænts]	n. 裤子	
plane → [pleɪn]	n. 飞机	
pork → [pɔːk]	n. 猪肉	
potato → [pəˈteɪtəʊ]	n. 土豆	
present → [ˈpreznt]	n. 礼物	
proud → [praʊd]	adj. 骄傲的	
put → [pʊt]	v. 放下	

[p] 是字母 _____ 的发音。

apple → [ˈæpl]	n. 苹果	
happy → [ˈhæpi]	adj. 高兴的	

[p] 是字母组合 _____ 的发音。

Penny has a pretty pink pig. Ben has a big bird. Penny is drawing pictures with a pencil. Ben is eating breakfast on a boat. In the picture, you can see a pair of pandas. They are in blue T-shirts, brown pants and black boots.

佩妮有一只漂亮的粉红小猪。本有一只大鸟。佩妮正在用铅笔画画。本正在船上吃早餐。在佩妮的图画里，你能看到两只熊猫。它们穿着蓝色 T 恤、棕色裤子和黑色靴子。

3 情景学音

选择包含该发音的词汇，巧妙编写趣味小短文，并搭配彩色插图，在情境中掌握词汇。

4 词汇提炼

补充相关词汇的音标及词义，便于学习者理解和积累更多词汇。

一起读单词

pretty ['prɪti] *adj.* 漂亮的
pink [pɪŋk] *adj.* 粉色的
pig [pɪg] *n.* 猪
picture ['pɪktʃə] *n.* 图画
pencil ['pensl] *n.* 铅笔
pair [peə(r)] *n.* 一对，一双
panda ['pændə] *n.* 熊猫
pant [pænt] *n.* 裤子

big [bɪg] *adj.* 大的
bird [bɜːd] *n.* 鸟
breakfast ['brekfəst] *n.* 早饭
boat [bəut] *n.* 船
blue [bluː] *adj.* 蓝色的
brown [braun] *adj.* 棕色的
black [blæk] *adj.* 黑色的
boot [buːt] *n.* 靴子

　　　　[pɒt]　　　　　　　['pʌmpkɪnz]　　　[pə'teɪtəuz]
❶ In the pot, there are some pumpkins and potatoes.
　锅里有些南瓜和土豆。

　　　　　　　　　　　　　[pɑːk]　　　　　　['pɪknɪk]
❷ They are going to the park to have a picnic.
　他们要去公园野餐。

　　　　　　[bæg]　　　　　　　　['bɪskɪts]　　　　　　[bred]　　　[biːf]
❸ In the bag, there are some biscuits, a piece of bread, some beef
　　　　　　　　[bɒtl]
　and a bottle of water.
　包里有一些饼干、一片面包、一些牛肉和一瓶水。

　　　　　　　　　　　　　['bɑːskɪtbɔːl]　　　[bæŋk]
❹ You can't play basketball in a bank.
　你们不能在银行打篮球。

5 快读快练

在句子中反复练习，有针对性地加强学习者对特定发音的理解，强化学习效果。

6 趣味挑战

编写绕口令式的短句，反复训练，挑战最快语速。

趣味大挑战

读一读，记录下你朗读下面句子的最短时间吧！

❶ A tidy tiger ties a tie and tidies her tail.
　一只整洁的老虎系上领带，清洁尾巴。
　　　　　　　　🔔 用时_____秒！

❷ The dog likes to dig deep holes and dive after ducks in the dam.
　这只狗喜欢挖深坑和在水坝上跟着鸭子跳水。
　　　　　　　　🔔 用时_____秒！

7 练习

每节后均设置灵活多样的小练习，从音标拼读、词义、书写及运用等方面，多维度训练，巩固所学内容。

二 Listen, circle and write. 听录音，圈出听到的音标，并写出单词。

❶ [pænt]　　[pɔːk]　　[pɒt]　　[pɑːk]　　_____
❷ ['preznt]　[praud]　['pɪknɪk]　[pleɪn]　_____
❸ [bæd]　　[bed]　　[bæk]　　[bʌs]　　_____
❹ [bæg]　　[bred]　　[biːf]　　[bɪg]　　_____
❺ ['hæpi]　　['æpl]　　['ræbɪt]　　[blæk]　　_____

目录 Contents

Part 1

辅音

01 辅音 [p] & [b]

发音代言人

清辅音 [p]
pig [pɪg]
n. 猪

发音方法

双唇紧闭，突然放开，气流从口腔内冲出，爆破发声，声带不振动。

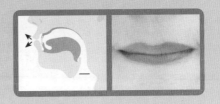

读音归纳

读单词，听发音，
总结发音规律

pants ⟶ [pænts]	*n.* 裤子
plane ⟶ [pleɪn]	*n.* 飞机
pork ⟶ [pɔːk]	*n.* 猪肉
potato ⟶ [pəˈteɪtəʊ]	*n.* 土豆
present ⟶ [ˈpreznt]	*n.* 礼物
proud ⟶ [praʊd]	*adj.* 骄傲的
put ⟶ [pʊt]	*v.* 放下

[p] 是字母 _____ 的发音。

apple ⟶ [ˈæpl]	*n.* 苹果
happy ⟶ [ˈhæpi]	*adj.* 高兴的

[p] 是字母组合 _____ 的发音。

注意

有时字母 p 不发音，如 cupboard [ˈkʌbəd] *n.* 橱柜，食物柜。

发音代言人 ▶

浊辅音 [b]
banana [bəˈnɑːnə]
n. 香蕉

发音方法 ▶

双唇紧闭，突然放开，气流从口腔内冲出，爆破发声，声带振动。

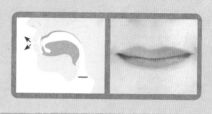

读音归纳 ▶

> 读单词，听发音，总结发音规律

back ——▶ [bæk]	n. 后背
bad ——▶ [bæd]	adj. 坏的
bag ——▶ [bæg]	n. 包
bed ——▶ [bed]	n. 床
begin ——▶ [bɪˈgɪn]	v. 开始
bookstore ——▶ [ˈbʊkˌstɔː]	n. 书店
box ——▶ [bɒks]	n. 盒子
bus ——▶ [bʌs]	n. 公交车

> [b] 是字母 _____ 的发音。

bubble ——▶ [ˈbʌbl]	n. 气泡
cabbage ——▶ [ˈkæbɪdʒ]	n. 卷心菜
rabbit ——▶ [ˈræbɪt]	n. 兔子

> [b] 是字母组合 _____ 的发音。

注意

有时字母 b 不发音，如：

climb [klaɪm] v. 爬　　comb [kəʊm] n. 梳子

lamb [læm] n. 羔羊　　tomb [tuːm] n. 坟墓

情境学音

Penny has a pretty pink pig. Ben has a big bird. Penny is drawing pictures with a pencil. Ben is eating breakfast on a boat. In the picture, you can see a pair of pandas. They are in blue T-shirts, brown pants and black boots.

佩妮有一只漂亮的粉红小猪。本有一只大鸟。佩妮正在用铅笔画画。本正在船上吃早餐。在佩妮的图画里，你能看到两只熊猫。它们穿着蓝色 T 恤、棕色裤子和黑色靴子。

一起读单词

pretty ['prɪti] *adj.* 漂亮的

pink [pɪŋk] *adj.* 粉色的

pig [pɪg] *n.* 猪

picture ['pɪktʃə] *n.* 图画

pencil ['pensl] *n.* 铅笔

pair [peə(r)] *n.* 一对，一双

panda ['pændə] *n.* 熊猫

pant [pænt] *n.* 裤子

big [bɪg] *adj.* 大的

bird [bɜːd] *n.* 鸟

breakfast ['brekfəst] *n.* 早饭

boat [bəʊt] *n.* 船

blue [bluː] *adj.* 蓝色的

brown [braʊn] *adj.* 棕色的

black [blæk] *adj.* 黑色的

boot [buːt] *n.* 靴子

快读快练

① In the pot, there are some pumpkins and potatoes.
[pɒt] ['pʌmpkɪnz] [pə'teɪtəʊz]

锅里有些南瓜和土豆。

② They are going to the park to have a picnic.
[pɑːk] ['pɪknɪk]

他们要去公园野餐。

③ In the bag, there are some biscuits, a piece of bread, some beef and a bottle of water.
[bæg] ['bɪskɪts] [bred] [biːf] ['bɒtl]

包里有一些饼干、一片面包、一些牛肉和一瓶水。

④ You can't play basketball in a bank.
['bɑːskɪt,bɔːl] [bæŋk]

你们不能在银行打篮球。

趣味大挑战

读一读，记录下你朗读下面句子的最短时间吧！

① Peter Piper picked a peck of pickled peppers.

彼得·派珀选了一配克的腌青椒。

🔔 用时_____秒！

② Betty beat a bit of butter to make a better batter.

贝蒂敲打一小块黄油，要做一块更好的奶油面糊。

🔔 用时_____秒！

扫码做练习

一 Read and match、读音标，连单词。

bird   [bəʊt]

boat   ['pændə]

panda   [bɜːd]

bread   [pɑːk]

park   [bred]

二 Listen, circle and write、听录音，圈出听到的音标，并写出单词。

❶ [pænt]   [pɔːk]   [pɒt]   [pɑːk]   _____

❷ ['preznt]   [praʊd]   ['pɪknɪk]   [pleɪn]   _____

❸ [bæd]   [bed]   [bæk]   [bʌs]   _____

❹ [bæg]   [bred]   [biːf]   [bɪg]   _____

❺ ['hæpi]   ['æpl]   ['ræbɪt]   [blæk]   _____

三 Read and write、拼读音标，写出单词。

['pʌmpkɪn]   ['hæpi]   [biːf]   [bred]

❶ Mr. _____ is _____ to eat _____ and _____.
南瓜先生很开心能吃上牛肉和面包。

['æplz]   ['penslz]   [bɒks]

❷ There are three _____ and four _____ in the _____.
盒子里有三个苹果和四根铅笔。

02 辅音 [t] & [d]

发音代言人 ▶

清辅音 [t]

tiger [ˈtaɪgə]

n. 老虎

发音方法 ▶

双唇微开，舌尖先紧贴上齿龈，形成阻碍，然后突然下降，气流冲出口腔，声带不振动。

读音归纳 ▶

读单词，听发音，总结发音规律

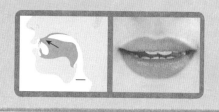

tail	→	[teɪl]	*n.* 尾巴
take	→	[teɪk]	*v.* 拿走
tall	→	[tɔːl]	*adj.* 高的
taxi	→	[ˈtæksi]	*n.* 出租车
toothache	→	[ˈtuːθˌeɪk]	*n.* 牙痛

[t] 是字母 _____的发音。

butter	→	[ˈbʌtə]	*n.* 黄油
letter	→	[ˈletə]	*n.* 字母；信
little	→	[ˈlɪtl]	*adj.* 小的；少的

[t] 是字母组合 _____的发音。

 注 意

有些时候字母 t 不发音，如：

listen [ˈlɪsn] *v.* 听　　Christmas [ˈkrɪsməs] *n.* 圣诞节　castle [ˈkaːsl] *n.* 城堡

often [ˈɒfn] *adv.* 经常　fasten [ˈfaːsn] *v.* 捆紧

发音代言人

发音方法

浊辅音 [d]

desk [desk]

n. 书桌

双唇微开，舌尖先紧贴上齿龈，形成阻碍，然后突然下降，气流冲出口腔，声带振动。

读音归纳

读单词，听发音，总结发音规律

dance ⟶ [dɑːns]	*v.* 跳舞
diamond ⟶ ['daɪəmənd]	*n.* 菱形
diary ⟶ ['daɪəri]	*n.* 日记
do ⟶ [duː]	*v.* 做
dog ⟶ [dɒg]	*n.* 狗
donkey ⟶ ['dɒŋki]	*n.* 驴子
door ⟶ [dɔː]	*n.* 门

[d] 是字母 _____ 的发音。

add ⟶ [æd]	*v.* 增加
address ⟶ [ə'dres]	*n.* 地址
ladder ⟶ ['lædə]	*n.* 梯子
middle ⟶ ['mɪdl]	*n.* 中间
suddenly ⟶ ['sʌdnli]	*adv.* 突然

[d] 是字母组合 _____ 的发音。

注 意

字母 s 后的 [t] 浊化为 [d]，如 stand [stænd] *v.* 站立，student ['stjuːdnt] *n.* 学生。

[t]
[d]

What time is it? It's two to twelve. My dad is eating dumplings by the table in the dining room. My mother is doing housework together with my grandmother. I am playing with a toy duck and a pretty doll.

现在几点了？11：58了。我爸爸正在餐厅的桌子旁吃饺子。我妈妈正和我奶奶一起做家务。我正在玩一只玩具鸭子和一个漂亮的娃娃。

what [wɒt] *pron.* 什么

time [taɪm] *n.* 时间

two [tuː] *num.* 二

twelve [twelv] *num.* 十二

table ['teɪbl] *n.* 桌子

together [tə'geðə] *adv.* 一起

toy [tɔɪ] *n.* 玩具

pretty ['prɪti] *adj.* 漂亮的

dad [dæd] *n.* 爸爸

dumpling ['dʌmplɪŋ] *n.* 饺子

dining ['daɪnɪŋ] *n.* 进餐

grandmother ['grænmʌðə(r)] *n.* 祖母

duck [dʌk] *n.* 鸭子

doll [dɒl] *n.* 玩具娃娃

快读快练

　　　　　　['lɪtl] ['taɪəd]　　　　　　['bɒtl]　　['wɔːtə]　　　　　[rest]

❶ I am a little tired. So I drink a bottle of water and have a rest.
我有点累了。因此我喝了一瓶水，然后休息一会儿。

　　　　　　['tiːpɒt]　　[ten] ['taʊəlz]　　　[tent]

❷ There is a teapot and ten towels in the tent.
帐篷里有一个茶壶和十条毛巾。

　　　　　　['dɜːti] [dɪə]　　['dɑːnsɪŋ]　　　[deɪ]

❸ The dirty deer likes dancing in the day.
这只脏脏的小鹿喜欢在白天跳舞。

　　　　[dæd]　　['dɒktə]　　　　　　['dɪnə]

❹ My dad is a doctor. He often eats dinner at eight o'clock.
我爸爸是一名医生。他经常晚上八点吃晚饭。

趣味大挑战

读一读，记录下你朗读下面句子的最短时间吧！

❶ A tidy tiger ties a tie and tidies her tail.
一只整洁的老虎系上领带，清洁尾巴。

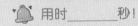 用时_____秒！

❷ The dog likes to dig deep holes and dive after ducks in the dam.
这只狗喜欢挖深坑和在水坝上跟着鸭子跳水。

用时_____秒！

[t]
[d]

一 Read and match. 读音标，连单词。

dance   ['dɜːti]

taxi   ['dʌmplɪŋz]

dirty   ['tæksi]

towel   ['taʊəl]

dumplings   [dɑːns]

二 Listen, circle and write. 听录音，圈出听到的音标，并写出单词。

❶ [teɪl]   [tɔːl]   [tent]   [teɪk]   _____

❷ [dɒg]   [dɔː]   [dɒl]   [dʌk]   _____

❸ ['bʌtə]   ['letə]   ['lɪtl]   ['bɒtl]   _____

❹ ['dɜːti]   [dɑːns]   [deɪ]   [dɪə]   _____

❺ ['sʌdn]   ['lɪsn]   ['ɒfn]   ['aɪlənd]   _____

三 Read and write. 拼读音标，写出单词。

        [dæd]   ['dɜːti]   ['taʊəlz]

❶ My _____ has two _____ _____.

我爸爸有两条脏毛巾。

        [dɪə]   ['tæksi]

❷ A _____ is sitting in the _____.

一只鹿正坐在出租车里。

03 辅音 [k] & [g]

[k]
[g]

发音代言人

清辅音 [k]
cake [keɪk]
n. 蛋糕

发音方法

发音时舌后部隆起，紧贴软腭，憋住气，然后突然分开，气流送出口腔，爆破发声，声带不振动。

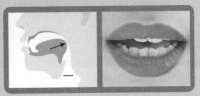

读音归纳

读单词，听发音，总结发音规律

candle ——→ [ˈkændl]　　*n.* 蜡烛
close ——→ [kləʊz]　　*v.* 关
computer ——→ [kəmˈpjuːtə]　　*n.* 计算机
crayon ——→ [ˈkreɪən]　　*n.* 蜡笔

> [k] 是字母 _____ 的发音。

kangaroo ——→ [ˌkæŋɡəˈruː]　　*n.* 袋鼠
kitchen ——→ [ˈkɪtʃɪn]　　*n.* 厨房
kite ——→ [kaɪt]　　*n.* 风筝

> [k] 是字母 _____ 的发音。

duck ——→ [dʌk]　　*n.* 鸭子
kick ——→ [kɪk]　　*v.* 踢
lock ——→ [lɒk]　　*v.* 锁

> [k] 是字母组合 _____ 的发音。

注意

有时字母组合 ch 中 h 不发音，所以 ch 发 [k] 音，如 ache → [eɪk] *v.* 疼痛。

发音代言人 ▶

浊辅音 [g]
gate [geɪt]
n. 大门

发音方法 ▶

嘴巴张开,将舌后部隆起,紧贴软腭,
憋住气,然后舌后部迅速降低,使气
流冲出口腔,振动声带发声。

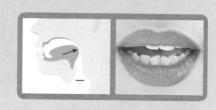

[k]
[g]

读音归纳 ▶

读单词,听发音,
总结发音规律

game ——→ [geɪm]	n. 游戏
gas ——→ [gæs]	n. 气体
give ——→ [gɪv]	v. 给
glove ——→ [glʌv]	n. 手套
glue ——→ [gluː]	n. 胶水
gold ——→ [gəʊld]	n. 黄金
great ——→ [greɪt]	adj. 棒的

[g] 是字母
_____的发音。

guess ——→ [ges]	v. 猜
guide ——→ [gaɪd]	v. 指引
guitar ——→ [gɪˈtɑː]	n. 吉他

[g] 是字母组合
_____的发音。

注 意

有时字母组合 gh 中 h 不发音,所以 gh 发 [g] 音,如 ghost → [gəʊst] n. 鬼。

[k]
[g]

A kind girl goes camping in the garden with her cat on a cloudy afternoon. She wears a cap, a pair of glasses and a black dress. They sit on the green grass. And they take six cucumbers, two coconuts and a glass of coffee.

在一个阴天的下午，一个善良的女孩和她的猫咪在花园里露营。她戴着一顶帽子、一副眼镜，穿着一条黑色连衣裙。她们坐在绿色的草地上。她们带着六根黄瓜、两个椰子和一杯咖啡。

一起读单词

kind [kaɪnd] *adj.* 善良的

camping ['kæmpɪŋ] *n.* 露营

cat [kæt] *n.* 猫

cloudy ['klaʊdi] *adj.* 阴天的

cap [kæp] *n.* 帽子

black [blæk] *adj.* 黑色的

take [teɪk] *v.* 带着

cucumber ['kjuː,kʌmbə] *n.* 黄瓜

coconut ['kəʊkə,nʌt] *n.* 椰子

coffee ['kɒfi] *n.* 咖啡

girl [gɜːl] *n.* 女孩

go [gəʊ] *v.* 去

garden ['gɑːdn] *n.* 花园

glass ['glɑːs] *n.* 眼镜；杯子

green [griːn] *adj.* 绿色的

grass [grɑːs] *n.* 草地

[kju:t] [kɪd]　['klaɪmɪŋ]　　　　　　　[kæn'ti:n]
❶ The cute kid is climbing happily in the canteen.
这个可爱的小孩正在餐厅里快乐地爬。

[k]
[g]

[kæn]　　[teɪk]　　　　　　　　['kæmərə]
❷ Can you take a photo of me with this camera?
你能用这个相机给我拍张照吗？

['grænpɑ:]　　　　['grænmɑ:]　　　[gʊd] [gɪ'tɑ:]
❸ My grandpa and my grandma are good guitar players.
我爷爷和我奶奶都是很棒的吉他手。

[ges]　　　　　　['grænfɑ:ðə(r)]　　　[get]
❹ Guess! When does my grandfather always get up?
猜一猜，我爷爷经常几点起床？

读一读，记录下你朗读下面句子的最短时间吧！

❶ By the crook, the cook looked through a cookbook before making cookies.
在溪边，厨师在做饼干之前查阅了一本食谱。

🔔 用时＿＿＿＿秒！

❷ The eagle is eager to anger the tiger in danger.
那只老鹰渴望激怒处在危险中的老虎。

🔔 用时＿＿＿＿秒！

扫码做练习

[k]
[g]

一 Read and match. 读音标，连单词。

game   [kaɪt]

computer   [kəm'pju:tə]

guitar   [glʌvz]

kite   [geɪm]

gloves   [gɪ'tɑ:]

二 Listen, circle and write. 听录音，圈出听到的音标，并写出单词。

① [kaɪt]   [kæt]   [kɪk]   [kju:t]   _____

② [gæs]   [ges]   [get]   [gɪv]   _____

③ ['kændl]   ['kreɪən]   ['kæmərə]   [ˌkæŋgə'ru:]   _____

④ [gəʊld]   [geɪm]   [glu:]   [gʊd]   _____

⑤ ['klaɪm]   [kləʊz]   ['kɪtʃɪn]   [kæn'ti:n]   _____

三 Read and write. 拼读音标，写出单词。

　　　　　　　　　['klaɪmɪŋ]　　　　　　　　　[get]
① The monkey is _____ on the tree to _____ the food.
这只猴子为了获得食物正在爬树。

　　　　　　　[kɪd]　　　　　　[gɪ'tɑ:]　　　[kəm'pju:tə]　[geɪmz]
② This _____ likes playing the _____ and _____ _____.
这个小孩的爱好是弹吉他和玩电脑游戏。

16

04 辅音 [f] & [v]

发音代言人

清辅音 [f]
fan [fæn]
n. 风扇

发音方法

上齿轻触在下嘴唇，把口腔的空气透过唇齿间的缝隙挤压出来，摩擦发音，声带不振动。

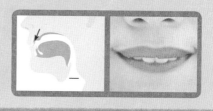

读音归纳

读单词，听发音，
总结发音规律

fat	→ [fæt]	adj. 胖的
February	→ ['februəri]	n. 二月
festival	→ ['festɪvl]	n. 节日
fever	→ ['fiːvə]	n. 发烧
find	→ [faɪnd]	v. 找到，发现
five	→ [faɪv]	num. 五
finger	→ ['fɪŋgə]	n. 手指
foggy	→ ['fɒgi]	adj. 有雾的
football	→ ['fʊtbɔːl]	n. 足球
afternoon	→ [ˌɑːftə'nuːn]	n. 下午

[f] 是字母
_____的发音。

off	→ [ɒf]	prep. 离开
office	→ ['ɒfɪs]	n. 办公室

[f] 是字母组合
_____的发音。

cough ——→ [kɒf]	n. 咳嗽	
enough ——→ [ɪ'nʌf]	adj. 足够的	
laugh ——→ [lɑːf]	n. 笑	

[f] 是字母组合 _____ 的发音。

elephant ——→ ['elɪfənt]	n. 大象	
nephew ——→ ['nefjuː]	n. 侄子	
phone ——→ [fəʊn]	n. 电话	
photo ——→ ['fəʊtəʊ]	n. 照片	

[f] 是字母组合 _____ 的发音。

[f]
[v]

发音代言人

浊辅音 [v]

van [væn]

n. 小货车

发音方法

上齿轻触下嘴唇，气流通过唇齿间的缝隙逸出，引起摩擦，同时振动声带发声。

读音归纳

读单词，听发音，总结发音规律

vase ——→ [vɑːz]	n. 花瓶
vegetable ——→ ['vedʒtəbl]	n. 蔬菜
very ——→ ['veri]	adv. 非常
violin ——→ [ˌvaɪə'lɪn]	n. 小提琴
voice ——→ [vɔɪs]	n. 说话声
drive ——→ [draɪv]	v. 开车
leave ——→ [liːv]	v. 离开
over ——→ ['əʊvə]	prep. 在……上

[v] 是字母 _____ 的发音。

[f]
[v]

Victor lives in a flat now and he works in a fax factory in the city. He can't forget the happy life in the village. He used to catch fish in the river and read novels after he finished his work.

维克托现在居住在一所公寓里，他在城市里的一个传真机工厂上班。他不能忘记在乡村的快乐生活。那时候，他常常在河里抓鱼，并且在结束工作后读小说。

flat [flæt] *n.* 公寓
fax [fæks] *n.* 传真
factory ['fæktəri] *n.* 工厂
forget [fə'get] *v.* 忘记
life [laɪf] *n.* 生活
fish [fɪʃ] *n.* 鱼
finish ['fɪnɪʃ] 结束

live [lɪv] *v.* 居住
village ['vɪlɪdʒ] *n.* 村庄
river ['rɪvə] *n.* 河
novel ['nɒvl] *n.* 小说

[frend] ['fɒrɪst] ['fraɪdeɪ]

① My friend visited a forest on Friday.
周五，我的朋友参观了一个森林。

['feɪvərɪt] [fɔːl] [freʃ] [fruːts]

② My favourite season is fall because I can eat many fresh fruits.
我最喜欢的季节是秋季，因为我可以吃到很多新鲜的水果。

['vaɪələt] ['draɪvə] ['vɪzɪtɪŋ] [keɪvz] ['vɒlɪˌbɔːl]

③ Violet is a taxi driver. She likes visiting caves and playing volleyball.
维奥莱特是一个出租车司机。她喜欢探访山洞和打排球。

['vɪnsənt] [hæv] ['sevn] ['lʌvli] [vests]

④ Vincent and his friends have seven lovely vests.
文森特和他的朋友们有七件可爱的马甲。

趣味大挑战

读一读，记录下你朗读下面句子的最短时间吧！

① Fifty-five firefighters fried fifty-five French fries.
五十五名消防人员炸出五十五根薯条。

🔔 用时_____秒！

② There are over seventy visitors visiting the village every day.
每天有超过 70 位游客来参观这座村庄。

🔔 用时_____秒！

[f]
[v]

20

练习

一 Read and match、读音标，连单词。

film   ['vɒlɪ,bɔːl]

elephant   [fæn]

village   ['vɪlɪdʒ]

fan   [fɪlm]

volleyball   ['elɪfənt]

[f]

[v]

二 Listen, circle and write、听录音，圈出听到的音标，并写出单词。

① [fæt]   [flæt]   [faɪv]   [fəʊn]   _____

② [vɑːz]   [,vaɪə'lɪn]   [vɔɪs]   ['vɪzɪt]   _____

③ ['fiːvə]   [fɪʃ]   ['fɪnɪʃ]   [freʃ]   _____

④ [liːv]   [lɪv]   [draɪv]   [keɪv]   _____

⑤ [fɔːl]   ['fɒrɪst]   [frend]   ['fʊtbɔːl]   _____

三 Read and write、拼读音标，写出单词。

['fraɪdeɪ]   [frend]   ['vɪzɪtɪd]   ['rɪvə]

① Last _____, my _____ _____ a beautiful_____.

上周五，我朋友参观了一条美丽的小河。

['fɪŋgə]   ['vɒlɪ,bɔːl]

② My _____ hurts. I can't play _____.

我的手指受伤了，不能打排球啦。

05 辅音 [s] & [z]

发音代言人

清辅音 [s]

sun [sʌn]
n. 太阳

发音方法

上下齿自然合拢，嘴唇微开，舌尖抬起，轻抵下齿，气流从齿缝中送出发音，声带不振动。

读音归纳

读单词，听发音，总结发音规律

sister ——► ['sɪstə]	n. 姐妹
small ——► [smɔːl]	adj. 小的
smile ——► [smaɪl]	v. 微笑
snowy ——► [snəʊi]	adj. 下雪的
sofa ——► ['səʊfə]	n. 沙发
Sunday ——► ['sʌndeɪ]	n. 周日

[s] 是字母 _____ 的发音。

dress ——► [dres]	n. 连衣裙
lesson ——► ['lesn]	n. 课
mess ——► [mes]	n. 凌乱
pass ——► [pɑːs]	v. 通过

[s] 是字母组合 _____ 的发音。

bicycle ——► ['baɪsɪkl]	n. 自行车
city ——► ['sɪti]	n. 城市
nice ——► [naɪs]	adj. 美好的

[s] 是字母 _____ 在字母 e, i, y 前的发音。

浊辅音 [z]

zebra ['zebrə]

n. 斑马

微微张开嘴巴，上下齿自然合拢，舌尖抬起，轻抵下齿，气流由齿缝中送出，同时振动声带发音。

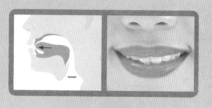

[s]
[z]

读音归纳 ▶

读单词，听发音，
总结发音规律

crazy ⟶ ['kreɪzi]	adj. 疯狂的	
lazy ⟶ ['leɪzi]	adj. 懒的	
zero ⟶ ['zɪərəʊ]	num. 零	
zipper ⟶ ['zɪpə]	n. 拉链	
zoo ⟶ [zuː]	n. 动物园	

▶ [z] 是字母 _____ 的发音。

dizzy ⟶ ['dɪzi]	adj. 眩晕的
jazz ⟶ [dʒæz]	n. 爵士乐
puzzle ⟶ ['pʌzl]	v. 迷惑

▶ [z] 是字母组合 _____ 的发音。

his ⟶ [hɪz]	pron. 他的
rise ⟶ [raɪz]	v. 上升
these ⟶ [ðiːz]	pron. 这些
use ⟶ [juːz]	v. 使用

▶ [z] 是字母 _____ 的发音。

注意

动词第三人称单数形式和名词复数形式中，字母 s 在浊辅音与元音的后面时也发 [z]，如 reads [riːdz], days [deɪz]。

[s]
[z]

Sam and Sue go to the sea. Sam wears shorts and sandals. He wants to swim in the sea. Sue wears sunglasses and a skirt because she wants to sing songs on the swing. And they take some salad, sausages and sandwiches.

萨姆和苏去海边。萨姆穿着短裤和凉鞋。他想去海里游泳。苏戴着太阳镜，穿着一条短裙，因为她想在秋千上唱歌。他们带了一些沙拉、火腿和三明治。

sea [siː] *n.* 海

wears [weəz] *v.* 穿着

shorts [ʃɔːts] *n.* 短裤

sandals [sændlz] *n.* 凉鞋

because [bɪ'kɒz] *conj.* 因为

swim [swɪm] *v.* 游泳

sunglasses ['sʌnˌglɑːsɪz] *n.* 太阳镜

skirt [skɜːt] *n.* 短裙

sing [sɪŋ] *v.* 唱

songs ['sɒŋz] *n.* 歌曲

swing [swɪŋ] *n.* 秋千

some [səm] *adj.* 一些

salad ['sæləd] *n.* 沙拉

sausages ['sɒsɪdʒɪz] *n.* 香肠

sandwiches ['sænwɪtʃɪz] *n.* 三明治

[s]
[z]

❶ ['stju:dnts] [sku:l] ['sʌb,weɪ] [sep'tembə]
The students go to school by subway in September.
这些学生九月时乘地铁上学。

❷ ['su:pə,ma:kɪt] [si:] [swi:t] [greɪps] ['speʃəl] ['swetəz]
In the supermarket, I see sweet grapes and special sweaters.
在超市里，我看到了甜甜的葡萄和特别的毛衣。

❸ ['si:zn] [ɪz] ['kreɪzi]
What season is it？ It's crazy summer.
现在是什么季节？是疯狂的夏季。

❹ [zu:] [zæk] ['zebrə] [rəʊz]
In the zoo, Zack sees a zebra and a red rose.
在动物园里，扎克看见了一匹斑马和一朵红玫瑰。

读一读，记录下你朗读下面句子的最短时间吧！

❶ Sarah sent me six sweet strawberries. Six sweet strawberries smell sour.
莎拉送给了我六个甜草莓，六个甜草莓闻起来酸。

🔔 用时＿＿＿＿秒！

❷ The crazy man holds a rose and is dancing to music of Jazz.
这个疯狂的人拿着一枝玫瑰花，正伴随着爵士乐跳舞。

🔔 用时＿＿＿＿秒！

一 Read and match、读音标，连单词。

snowy   ['leɪzi]

lazy   [snəʊi]

[s]
[z]

zoo   ['sʌb,weɪ]

subway   [rəʊz]

rose   [zuː]

二 Listen, circle and write、听录音，圈出听到的音标，并写出单词。

❶ [smaɪl] [smɔːl] ['swetəz] ['sɪstə] _____

❷ ['kreɪzi] ['dɪzi] ['pʌzl] [geɪz] _____

❸ ['səʊfə] [siːd] ['sɪti] [swiːt] _____

❹ [sændlz] [bɪ'kɒz] ['sɒŋz] ['sænwɪtʃɪz] _____

❺ ['naɪs] ['stjuːdnt] [sep'tembə] ['suːpə,maːkɪt] _____

三 Read and write、拼读音标，写出单词。

     [smɔːl] [sændlz] ['swetə]

❶ Simon has a pair of _____ _____ and a red _____.
 西蒙有一双小凉鞋和一件红毛衣。

     [skuːl] ['sʌb,weɪ]

❷ Let's go to _____ by _____!
 我们乘地铁去学校吧！

06 辅音 [θ] & [ð]

清辅音 [θ]
mouth [maʊθ]
n. 口

发音方法

舌尖微微伸出于上下齿之间，气流从牙齿与舌头间的窄缝送出发音，声带不振动。

[θ]
[ð]

读音归纳

读单词，听发音，总结发音规律

birthday	→	['bɜːθdeɪ]	n. 生日
both	→	[bəʊθ]	pron. 都
cloth	→	[klɒθ]	n. 布
death	→	[deθ]	n. 死
path	→	[pɑːθ]	n. 道路
thank	→	[θæŋk]	v. 谢谢
thin	→	[θɪn]	adj. 瘦的
thing	→	[θɪŋ]	n. 事情
third	→	[θɜːd]	adv. 第三
tooth	→	[tuːθ]	n. 牙齿

[θ] 是字母组合
_____的发音。

浊辅音 [ð]
feather ['feðə]
n. 羽毛

舌尖微微伸出于上下齿之间，气流从牙齿与舌头间的窄缝送出，同时振动声带发音。

[θ]
[ð]

读音归纳

读单词，听发音，
总结发音规律

another →	[ə'nʌðə]	pron. 另一个
clothes →	[kləʊðz]	n. 衣服
leather →	['leðə]	n. 皮革
other →	['ʌðə]	adj. 其他的
smooth →	[smuːð]	adj. 顺利的
than →	[ðæn]	prep. 比
that →	[ðæt]	pron. 那，那个
their →	[ðeə]	pron. 他们的，它们的
them →	[ðəm]	pron. 他们，她们，它们
then →	[ðen]	adv. 然后
they →	[ðeɪ]	pron. 他们，她们，它们
this →	[ðɪs]	pron. 这，这个
though →	[ðəʊ]	conj. 尽管
with →	[wɪð]	prep. 和……一起

[ð] 是字母组合 _____ 的发音。

[θ]
[ð]

My father and my mother went to the theater on Thursday. The weather was not good. But they saw an interesting play. In the play, there are three thieves. They are not good at math. They think three and six is ten.

我爸爸和妈妈周四的时候去了剧院。那天天气不好。但他们看了一场非常有趣的戏剧。剧中有三个贼。这些贼不擅长数学。他们认为，三加六等于十。

theater ['θɪətə] *n.* 剧院
Thursday ['θɜːzdeɪ] *n.* 星期四
three [θriː] *num.* 三
thief [θiːf] *n.* 贼（复数 thieves）
math [mæθ] *n.* 数学
think [θɪŋk] *v.* 认为

father ['fɑːðə] *n.* 爸爸
mother ['mʌðə] *n.* 妈妈
the [ðə] *det.* 这（表示特指）
weather ['weðə] *n.* 天气
they [ðeɪ] *pron.* 他们
there [ðeə] *pron.* 那里

['ba:θru:m]　　　　　　　[saʊθ]
❶ This bathroom faces to the south.
这间浴室朝南。

[helθi]　　　　　　　　[ti:θ]
❷ To be healthy, you should brush your teeth twice a day.
为了保持健康，你应该一天刷两次牙。

[ðəʊz]　　　　　　[ðæn] [ði:z]
❸ Those trees are healthier than these.
那些树比这些树更健康。

[θ]
[ð]

['brʌðə]　　　　　　[tə'geðə]
❹ My brother and my sister often play together.
我哥哥和我姐姐经常一起玩。

趣味大挑战 ▶

读一读，记录下你朗读下面句子的最短时间吧！

❶ Three thin kids throw thick books. Thirty thirsty kids take a deep breath.
三个瘦瘦的孩子扔掉厚厚的书。三十个口渴的孩子深吸了一口气。

🔔 用时_____秒！

❷ My mother, father and brother like to wear leather in cold weather.
我的妈妈、爸爸和哥哥喜欢在寒冷的天气穿皮衣。

🔔 用时_____秒！

一 Read and match. 读音标，连单词。

think	['brʌðə]
weather	['bɜːθdeɪ]
brother	[θɪŋk]
birthday	['feðə]
feather	['weðə]

[θ]
[ð]

二 Listen, circle and write. 听录音，圈出听到的音标，并写出单词。

❶ [θrəʊ]　　[θæŋk]　　[θɜːd]　　[θriː]　　_____

❷ [ðæt]　　[ðɪs]　　[ðəʊz]　　[ðiːz]　　_____

❸ [pɑːθ]　　[saʊθ]　　[klɒθ]　　[helθ]　　_____

❹ [ðəm]　　[ðeɪ]　　['ʌðə]　　[təˈgeðə]　　_____

❺ [θɪŋ]　　[θɪn]　　[tiːθ]　　[mæθ]　　_____

三 Read and write. 拼读音标，写出单词。

['bɜːθdeɪ]　　　　['weðə]
❶ On my _____, the _____ was good.
我生日那天，天气很好。

['brʌðə]　　[θɪŋks]　　　　['helθɪə]　　　　　　['ʌðə]
❷ My _____ _____ he is _____ than any _____ boys
in the class.
我哥哥认为他是班上最健康的男孩。

31

07 辅音 [ʃ] & [ʒ]

[ʃ]
[ʒ]

发音代言人

清辅音 [ʃ]

ship [ʃɪp]
n. 船

发音方法

上下齿自然合拢，嘴唇张开收圆略向前突出。舌尖抬起，靠近齿龈后部，舌身抬高，靠近上腭。气流通过通道时摩擦发音。

读音归纳

读单词，听发音，
总结发音规律

dish ⟶	[dɪʃ]	*n.* 盘子
fresh ⟶	[freʃ]	*adj.* 新鲜的
sheep ⟶	[ʃiːp]	*n.* 羊
shelf ⟶	[ʃelf]	*n.* 架子
shop ⟶	[ʃɒp]	*n.* 商店
show ⟶	[ʃəʊ]	*v.* 展示
shut ⟶	[ʃʌt]	*v.* 关闭

[ʃ] 是字母组合 _____ 的发音。

sugar ⟶	[ˈʃʊɡə]	*n.* 糖
sure ⟶	[ʃʊə]	*adj.* 确信的

[ʃ] 是字母 _____ 的发音。

action ⟶	[ˈækʃən]	*n.* 行动
dictionary ⟶	[ˈdɪkʃənri]	*n.* 词典
station ⟶	[ˈsteɪʃən]	*n.* 车站

[ʃ] 是字母组合 _____ 的发音。

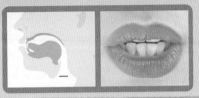

发音代言人

浊辅音 [ʒ]
television ['telɪvɪʒən]
n. 电视

发音方法

上下齿自然合拢，嘴唇张开收圆略向前突出。舌尖抬起，靠近齿龈后部，舌身抬高，靠近上腭，气流通过通道时摩擦，同时振动声带发音。

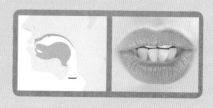

读音归纳

读单词，听发音，总结发音规律

decision → [dɪ'sɪʒən]	*n.* 决定
confusion → [kən'fju:ʒən]	*n.* 混淆
explosion → [ɪk'spləʊʒən]	*n.* 爆炸
occasion → [ə'keɪʒn]	*n.* 场合
vision → ['vɪʒən]	*n.* 视野

[ʒ] 是字母组合 _____ 的发音。

measure → ['meʒə]	*v.* 测量
pleasure → ['pleʒə]	*n.* 快乐
treasure → ['treʒə]	*n.* 财宝

[ʒ] 是字母组合 _____ 的发音。

garage → ['gæra:ʒ]	*n.* 车库
massage → ['mæsa:ʒ]	*n.* 按摩

[ʒ] 是字母 _____ 在 e 前的发音。

A British is watching television for pleasure. There is a Russian enjoying his vacation and having a massage by the seaside. In the sea, there are sharks and some fish. The sun is shining brightly. The British wishes to have a massage, too.

一个英国人正在看电视来消遣。电视里，一个俄罗斯人正在海边度假，做按摩。海里有鲨鱼和小鱼。太阳明媚地照耀着。这个英国人也想做个按摩。

British ['brɪtɪʃ] n. 英国人
Russian ['rʌʃn] n. 俄罗斯人
vacation [vəˈkeɪʃən] n. 假期
shark ['ʃɑːk] n. 鲨鱼
fish [fɪʃ] n. 鱼

shine ['ʃaɪn] v. 照耀
wish [wɪʃ] v. 希望
television ['telɪvɪʒən] n. 电视
pleasure ['pleʒə] n. 消遣；乐趣
massage ['mæsɑːʒ] n. 按摩

['ʃeli]　　['ɪŋglɪʃ]
❶ Shelly is an English teacher.
雪莉是一位英语老师。

['wɒʃɪŋ]　　[ʃɜːt]　　　　[ʃɔːts]　　　[ʃuːz]
❷ She is washing a shirt, a pair of shorts and shoes.
她正在洗一件衬衣、一条短裤和一双鞋子。

['juːʒʊəli]　　　　　['pleʒə]
❸ Ross usually reads books for pleasure.
罗斯经常读书来获得快乐。

[dɪ'sɪʒən]　　　　['mæsaːʒ]　　['gæraːʒ]
❹ I made a decision to have a massage in the garage.
我做了个决定：在车库里做按摩。

[ʃ]
[ʒ]

趣味大挑战

读一读，记录下你朗读下面句子的最短时间吧！

❶ She keeps six sheep in a shelter. The sheep were shipped in a ship.
她在收容所养了六只羊。这些羊用船装运。

 用时＿＿＿＿秒！

❷ He measured his pleasure in treasure.
他用珍宝来衡量自己的快乐。

 用时＿＿＿＿秒！

一 Read and match、读音标，连单词。

shark   ['ʃʊgə]

dictionary   ['gærɑːʒ]

sugar   ['ʃɑːk]

garage   ['telɪvɪʒn]

television   ['dɪkʃənri]

二 Listen, circle and write、听录音，圈出听到的音标，并写出单词。

❶ [ʃɜːts]   [ʃɔːts]   [ʃuːz]   ['wɒʃ]   _____

❷ [ʃɒp]   [ʃʌt]   [ʃɪːp]   [ʃɪp]   _____

❸ ['pleʒə]   ['vɪʒən]   ['juːʒʊəli]   ['meʒə]   _____

❹ [brʌʃ]   [fɪʃ]   [dɪʃ]   ['ɪŋglɪʃ]   _____

❺ ['mæsɑːʒ]   [dɪ'sɪʒən]   ['rʌʃn]   ['speʃəl]   _____

三 Read and write、拼读音标，写出单词。

　　　　　　['gærɑːʒ]　　　　　　　['telɪvɪʒən]　　　　　　　　['ʃʊgə]

❶ In the _____, there is a _____ and some _____.
车库里有一台电视和一些糖。

　　　　　　['speʃəl]　　　　[brʌʃ]　　　　　　　　　　　　　[ʃɪp]

❷ I have a _____ _____. It can draw a small _____.
我有一支特殊的画笔。它可以画一艘小轮船。

08 辅音 [h] & [r]

发音方法 ▶

清辅音 [h]

hat [hæt]

n. 帽子

嘴巴半张开，舌头放平，向外轻轻呵气，气流从口腔内逸出，声带不振动。

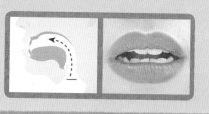

读音归纳 ▶

读单词，听发音，
总结发音规律

[h]
[r]

hand	→ [hænd]	n. 手
help	→ [help]	n. 帮助
hill	→ [hɪl]	n. 小山
hobby	→ ['hɒbi]	n. 爱好
honey	→ ['hʌni]	n. 蜂蜜
hot	→ [hɒt]	adj. 热的

[h] 是字母
_____的发音。

who	→ [huː]	pron. 谁
whom	→ [huːm]	pron. 谁
whose	→ [huːz]	pron. 谁的

[h] 是字母组合
_____的发音。

请思考，在下面这两个词里，h 发什么音呢？

| honest | → ['ɒnɪst] | adj. 诚实的 |
| hour | → ['aʊə] | n. 小时 |

这里 h_____

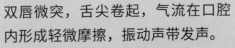
浊辅音 [r]

red [red]

adj. 红色的

双唇微突，舌尖卷起，气流在口腔内形成轻微摩擦，振动声带发声。

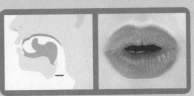

读音归纳

读单词，听发音，
总结发音规律

[h]
[r]

read	→ [riːd]	*v.* 读
rice	→ [raɪs]	*n.* 米饭
road	→ [rəʊd]	*n.* 路
very	→ ['veri]	*adv.* 非常

[r] 是字母
_____的发音。

wrap	→ [ræp]	*v.* 包
write	→ [raɪt]	*v.* 写
wrong	→ [rɒŋ]	*adj.* 错误的

[r] 是字母组合
_____的发音。

blueberry	→ ['bluːberi]	*n.* 蓝莓
hurry	→ ['hʌri]	*v.* 匆忙
narrow	→ ['nærəʊ]	*adj.* 狭窄的
tomorrow	→ [tə'mɒrəʊ]	*adv.* 明天

[r] 是字母组合
_____的发音。

Hannah is a housewife. Her head was hit at home. She had a heavy headache. Her husband sent her to hospital. The relatives were worried about her. Though it was rainy, they went to see her in a hurry.

[h]
[r]

汉娜是个家庭主妇。她在家的时候把头撞了一下。她头疼得很严重。她的丈夫把她送到了医院。亲戚们很担心她。尽管那时天在下雨，他们还是匆匆忙忙地去看她了。

housewife ['haʊswaɪf] *n.* 家庭主妇
her [hɜː] *pron.* 她的
head [hed] *n.* 头
hit [hɪt] *v.* 撞
home [həʊm] *n.* 家
had [hæd] *v.* 有（have 的过去式）
heavy ['hevi] *adj.* 重的

headache ['hedeɪk] *n.* 头疼
husband ['hʌzbənd] *n.* 丈夫
hospital ['hɒspɪtl] *n.* 医院
relative ['relətɪv] *n.* 亲戚
worried ['wʌrid] *adj.* 担心的
rainy ['reɪni] *adj.* 下雨的
hurry ['hʌri] *n.* 匆忙

[hæv]   [hɜː] [huː] [hiː]

❶ I have to tell her who he is.

我不得不告诉她他是谁。

['hʌndrədz]   ['hʌŋgri]

❷ There are hundreds and thousands of hungry kids in the village.

这座村子里有成百上千饥饿的孩子。

[friː] [təˈmɒrəʊ]

❸ Are you free tomorrow?

你明天有空吗？

['redi]   [rʌn]   [red] ['reɪnkəʊt]

❹ She is ready to run in a red raincoat.

她准备穿着红色雨衣去跑步。

[h]
[r]

读一读，记录下你朗读下面句子的最短时间吧！

❶ Roger threw round rocks on our red roof. The round rocks rolled from the roof onto the red floor.

罗杰往我们的红屋顶上扔圆石头。圆石头从屋顶滚落到红地板上。

🔔 用时_____秒！

❷ The hunter and his huge horse hide behind the house.

猎人和他的大马藏在房子后面。

🔔 用时_____秒！

扫码做练习

一 Read and match. 读音标，连单词。

hospital   ['hʌndrəd]

hundred   ['hɒspɪtl]

room   [ruːm]

blueberry   [raɪt]

write   ['bluːberi]

二 Listen, circle and write. 听录音，圈出听到的音标，并写出单词。

[h]
[r]

❶ [raɪt]   [ræt]   [hæt]   [heɪt]   _____

❷ [reɪz]   [reɪs]   [raɪs]   [raɪt]   _____

❸ [red]   [riːd]   [ræd]   [reɪt]   _____

❹ [hed]   [hænd]   [red]   [hæd]   _____

❺ [huː]   [huːm]   [huːz]   [həʊl]   _____

三 Read and write. 拼读音标，写出单词。

     ['hɒbiz]   ['rʌnɪŋ]   ['riːdɪŋ]   ['raɪtɪŋ]

❶ My _____ are _____, _____ and _____.

我的爱好是跑步、阅读和写作。

     [huː]   ['redi]   ['hʌni]

❷ _____ is _____ for a delicious cake with _____?

谁准备好要吃美味的蜂蜜蛋糕了？

09 辅音 [tʃ] & [dʒ]

发音代言人

清辅音 [tʃ]
chair [tʃeə]
n. 椅子

发音方法

双唇向前突出，舌尖先抵住上齿龈后部，然后再稍下降，气流从缝隙冲出，声带不振动。

[tʃ]
[dʒ]

读音归纳

读单词，听发音，
总结发音规律

cheap ——→ [tʃi:p]	adj. 便宜的
chicken ——→ ['tʃɪkɪn]	n. 鸡肉
China ——→ ['tʃaɪnə]	n. 中国
rich ——→ [rɪtʃ]	adj. 富有的
teach ——→ [ti:tʃ]	v. 教
watch ——→ [wɒtʃ]	n. 手表

[tʃ] 是字母组合 _____的发音。

catch ——→ [kætʃ]	v. 赶上
kitchen ——→ ['kɪtʃɪn]	n. 厨房
match ——→ [mætʃ]	n. 比赛

[tʃ] 是字母组合 _____的发音。

culture ——→ ['kʌltʃə]	n. 文化
nature ——→ ['neɪtʃə]	n. 自然
picture ——→ ['pɪktʃə]	n. 图画

[tʃə] 是字母组合 _____的发音。

浊辅音 [dʒ]
cage [keɪdʒ]
n. 笼子

双唇向前突出，舌尖先抵住上齿龈后部，然后再稍下降，气流从缝隙冲出，振动声带发声。

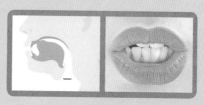

读音归纳

读单词，听发音，总结发音规律

单词	音标	释义
jacket	['dʒækɪt]	n. 夹克
jam	[dʒæm]	n. 果酱
Japan	[dʒə'pæn]	n. 日本
joke	[dʒəʊk]	n. 玩笑
July	[dʒʊ'laɪ]	n. 七月
June	[dʒuːn]	n. 六月

[dʒ] 是字母 _____ 的发音。

[tʃ]
[dʒ]

单词	音标	释义
bridge	[brɪdʒ]	n. 桥
edge	[edʒ]	n. 边缘
knowledge	['nɒlɪdʒ]	n. 知识

[dʒ] 是字母组合 _____ 的发音。

单词	音标	释义
cage	[keɪdʒ]	n. 笼子
large	[lɑːdʒ]	adj. 大的
giraffe	[dʒə'rɑːf]	n. 长颈鹿
magic	['mædʒɪk]	n. 魔法
energy	[enədʒi]	n. 能量
gym	[dʒɪm]	n. 健身房

[dʒ] 是字母 _____ 在字母 e, i, y 前的发音。

[tʃ]
[dʒ]

Jack has a big kitchen. There is some chicken and cheese in the fridge. There are some oranges and vegetables on the bench. Oh, there is a box of chocolates and a jar of jam on the chair. It's time for lunch. So what is Jack going to eat?

杰克家有个大的厨房。冰箱里面有鸡肉和奶酪。长椅上有橘子和蔬菜。哦，椅子上还有一盒巧克力和一罐果酱。午餐时间到了。杰克将要吃些什么呢？

cheese [tʃiːz] *n.* 奶酪
bench [bentʃ] *n.* 长椅
chocolate ['tʃɒkəlɪt] *n.* 巧克力
chair [tʃeə] *n.* 椅子
lunch [lʌntʃ] *n.* 午餐

fridge [frɪdʒ] *n.* 冰箱
orange ['ɒrɪndʒ] *n.* 橘子
vegetable ['vedʒtəbl] *n.* 蔬菜
jar [dʒɑː] *n.* 罐子

[tʃuːz] [sʌtʃ] ['fɜːnɪtʃə]

❶ I am so lucky to choose such a furniture shop!

我很幸运能选择这样一个家具店！

['fjuːtʃə] [əd'ventʃə]

❷ In the future, he is going to write a good adventure novel.

在将来，他计划写一本优秀的探险小说。

[dʒɒb] ['dʒænjuəri]

❸ He got a new job in January.

一月份他找到了一份新工作。

[dʒə'rɑːf] [dʒiːp]

❹ She wants to see the giraffe in a jeep.

她想坐在吉普车里看长颈鹿。

读一读，记录下你朗读下面句子的最短时间吧！

[tʃ]
[dʒ]

❶ There is a kitten in the kitchen. A fly flies into the kitchen while I fry the chicken.

厨房里有一只小猫。一只苍蝇飞进了厨房，在我做炸鸡的时候。

🔔 用时_____秒！

❷ Can you imagine an angel eating a large jar of jam at the edge of a bridge?

你能想象一个天使正站在桥边吃一大罐果酱吗？

🔔 用时_____秒！

 练习

扫码做练习

一 Read and match. 读音标，连单词。

chair   [brɪdʒ]

cage   ['dʒækɪt]

chicken   [keɪdʒ]

jacket   ['tʃɪkɪn]

bridge   [tʃeə]

[tʃ]
[dʒ]

二 Listen, circle and write. 听录音，圈出听到的音标，并写出单词。

❶ [tʃeə]   [ʃeə]   [gɪə]   [tʃɪə]   _____

❷ [wɒtʃ]   [mætʃ]   [kætʃ]   [mæs]   _____

❸ [dʒə'pæn]   [dʒʌdʒ]   [dʒʊ'laɪ]   [dʒuːn]   _____

❹ [dʒɑː]   [dʒæm]   [dʒɪm]   [dʒuːn]   _____

❺ ['fɜːnɪtʃə]   ['neɪtʃə]   [əd'ventʃə]   ['fjuːtʃə]   _____

三 Read and write. 拼读音标，写出单词。

            [bentʃ]   [tʃeə]   [frɪdʒ]   ['kɪtʃɪn]

❶ There is a _____, a _____, and a _____ in the _____.
厨房里有长椅、椅子和冰箱。

                                        ['ɒrɪndʒ]   ['tʃɒkəlɪt]

❷ Would you like a glass of _____ juice or a cup of hot _____?
你想要一杯橙汁还是热巧克力？

10 辅音 [ts] & [dz]

清辅音 [ts]
hats [hæts]
n. 帽子

发音方法 ▶

先将舌尖抵住上齿龈，然后稍向下移动，双唇向两边张开，气流从缝隙冲出，声带不振动。

读音归纳 ▶

读单词，听发音，总结发音规律

boats	➝	[bəʊts]	n. 船
cats	➝	[kæts]	n. 猫
pants	➝	[pænts]	n. 长裤
sports	➝	[spɔːts]	n. 运动
dates	➝	[deɪts]	n. 约会
gates	➝	[geɪts]	n. 大门
kites	➝	[kaɪts]	n. 风筝
tastes	➝	[teɪsts]	n. 味道

[ts] 是以字母_____和_____结尾的**名词**复数形式的发音。

[ts]
[dz]

puts	➝	[pʊts]	v. 放
sits	➝	[sɪts]	v. 坐
hates	➝	[heɪts]	v. 讨厌

[ts] 是以字母_____和_____结尾的**动词**第三人称单数形式的发音。

想一想，在下面这些情况中，t's 发什么音呢？

It is → It's   That is → That's

Let us → Let's   What is → What's

小结： 这里几种缩写形式中 t's 都读 [ts]。

发音代言人 ▶   **发音方法** ▶

浊辅音 [dz]

hands [hændz]

n. 手

先将舌尖抵住上齿龈，然后稍向下移动，双唇向两边张开，气流在口腔内形成轻微摩擦，振动声带发音。

读音归纳 ▶

读单词，听发音，总结发音规律

[ts]
[dz]

beds ——▶ [be**dz**]	*n.* 床
goods ——▶ [gʊ**dz**]	*n.* 货物
hands ——▶ [hæn**dz**]	*n.* 手
roads ——▶ [rəʊ**dz**]	*n.* 道路
sands ——▶ [sæn**dz**]	*n.* 沙漠
woods ——▶ [wʊ**dz**]	*n.* 树林

▶ [dz] 是以字母 ＿＿＿＿ 结尾的**名词**复数形式的发音。

mends ——▶ [men**dz**]	*v.* 修理
spends ——▶ [spen**dz**]	*v.* 花费
understands ▶ [ˌʌndəˈstæn**dz**]	*v.* 理解

▶ [dz] 是以字母 ＿＿＿＿ 结尾的**动词**第三人称单数形式的发音。

[ts]
[dz]

Everyone does something different every day. In my neighborhood, someone meets friends, someone waits for kids, someone eats foods, someone reads words, someone finds cats, someone feeds birds, someone hates dates while someone sends gifts.

每个人每天做的事都不一样。在我的社区，有人遇到朋友，有人等待孩子，有人吃食物，有人阅读文字，有人找到了猫，有人喂鸟，有人讨厌约会，但也有人送出礼物。

meets [miːts] v. 遇到

waits [weɪts] v. 等

eats [iːts] v. 吃

gifts [gɪfts] n. 礼物

friends [frendz] n. 朋友

kids [kɪdz] n. 孩子

foods [fuːdz] n. 食物

reads [riːdz] v. 读

words [wɜːdz] n. 文字

finds [faɪndz] v. 找到

feeds [fiːdz] v. 喂

birds [bɜːdz] n. 鸟

sends [sendz] v. 送

[pets]   [hæts]
❶ I have two pets and ten hats.
我有两只宠物和十顶帽子。

[kæts]
❷ It rains dogs and cats.
天空下着倾盆大雨。

[rəʊdz]
❸ All roads lead to Rome.
条条大路通罗马。

[spendz]   [ˌwiːk'endz]   [frendz]
❹ She spends her weekends with her friends.
她周末跟朋友待在一起。

趣味大挑战

读一读，记录下你朗读下面句子的最短时间吧！

[ts]
[dz]

❶ I packed the jackets and rackets into packets.
我把夹克和球拍打成小包。

用时_____秒！

❷ Afterwards, I went towards the yards and looked upwards,
downwards, inwards, outwards, forwards and backwards.
后来，我走向院子，向上下内外前后看了看。

用时_____秒！

一 Read and match、读音标，连单词。

boats   [spɔːts]

sports   [bedz]

hats   [bəʊts]

hands   [hæts]

beds   [hændz]

二 Listen, circle and write、听录音，圈出听到的音标，并写出单词。

① [bedz]   [hæts]   [bəʊts]   [bɜːdz]   _____

② [hæts]   [hændz]   ['hʌndrədz] [sændz]   _____

③ [sɪts]   [kɪdz]   [pets]   [kæts]   _____

④ [faɪndz]   [frendz]   [riːdz]   [fiːdz]   _____

⑤ [bəʊts]   [rəʊdz]   [wʊdz]   [teɪsts]   _____

[ts]
[dz]

三 Read and write、拼读音标，写出单词。

          [miːts]   [frendz]   [sendz]   [gɪfts]

① Mark always _____ _____ and _____ _____.
马克常常会友送礼。

         [spendz]   [ˌwiːk'endz]

② Lily _____ her _____ with her mom.
莉莉周末跟妈妈待在一起。

11 辅音 [tr] & [dr]

清辅音 [tr]

tree [triː]

n. 树

发音方法

双唇收圆微张外突，舌尖抵住齿龈，气流从口腔内冲出，声带不振动。

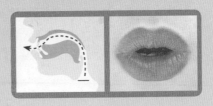

读音归纳

读单词，听发音，总结发音规律

[tr]
[dr]

track	⟶	[træk]	*n.* 跑道
traffic	⟶	['træfɪk]	*n.* 交通
train	⟶	[treɪn]	*n.* 火车
transport	⟶	['trænspɔːt]	*n.* 运输
travel	⟶	['trævl]	*n.* (长途) 旅行
trip	⟶	[trɪp]	*n.* (短途) 旅行
trouble	⟶	['trʌbl]	*n.* 麻烦
trousers	⟶	['traʊzəz]	*n.* 裤子
truck	⟶	[trʌk]	*n.* 卡车
trust	⟶	[trʌst]	*n.* 信任
try	⟶	[traɪ]	*n.* 尝试
strange	⟶	[streɪndʒ]	*adj.* 陌生的
street	⟶	[striːt]	*n.* 街道
strong	⟶	[strɒŋ]	*adj.* 强壮的

[tr] 是字母组合
_____的发音。

浊辅音 [dr]
draw [drɔː]
v. 画

发音方法

双唇收圆微张外突，舌尖抵住齿龈，气流从口腔内冲出，振动声带发声。

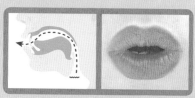

读音归纳

读单词，听发音，
总结发音规律

children → ['tʃɪldrən]	n. 孩子们 (child 的复数)	
drama → ['drɑːmə]	n. 戏剧	
dream → [driːm]	n. 梦想	
drink → [drɪŋk]	n. 饮料	
drip → [drɪp]	n. 水滴	
drive → [draɪv]	v. 开车	
drop → [drɒp]	v. 下降	
drug → [drʌg]	n. 药	
drum → [drʌm]	n. 鼓	
dry → [draɪ]	adj. 干的	
hundred → ['hʌndrəd]	n. 百	

[dr] 是字母 _____ 的发音。

[tr]
[dr]

注意

[tr] 在 s 音的后面时，读音会被浊化变成 [dr]。例如前面出现的 strange, street, strong。

Halloween is a children's festival. They dress up and go to their neighbours' homes to ask for sweets. "Trick or treat?" Little Wendy dressed herself as a dragon. She likes strawberry candies best.

万圣节是孩子们的节日。他们会把自己乔装打扮，去邻居家要糖果。不给糖就捣蛋。小温蒂把自己打扮成了一条龙。她最喜欢吃草莓糖果了。

[tr]
[dr]

dress [dres] *n.* 连衣裙
dragon ['dræɡən] *n.* 龙
strawberry ['strɔːbəri] *n.* 草莓

trick [trɪk] *n.* 把戏
treat [triːt] *n.* 款待

[traɪ]　　　　　　　　　　　　[truː]
❶ I will try to make my dream come true one day.
我将努力让我的梦想有一天能实现。

['trʌbl]　　　　　　　　　　[streŋkθ]
❷ When I was in trouble, he gave me great strength.
当我遇到困难时，他给予了我很大的力量。

[drɪŋk]　　　[draɪv]
❸ Don't drink and drive!
切勿酒后开车！

['hʌndrədz]　　　['tʃɪldrən]
❹ Hundreds of children take a trip during summer vacations.
暑假时上百个孩子会去旅行。

趣味大挑战

读一读，记录下你朗读下面句子的最短时间吧！

❶ Never trouble troubles until trouble troubles you!
不要自找麻烦，除非麻烦来找你。

🔔 用时_____秒！

[tr]
[dr]

❷ A drunken driver drove the truck into a muddy pond.
一个喝醉的司机把卡车开进了泥塘里。

🔔 用时_____秒！

练习

一 Read and match、读音标，连单词。

tree   [treɪn]

train   [driːm]

dream   [drɪŋk]

drink   [triː]

drive   [draɪv]

二 Listen, circle and write、听录音，圈出听到的音标，并写出单词。

❶ [draɪv]   [driːm]   [drɪŋk]   [draɪ]   _____

❷ [treɪn]   ['trævl]   [triːt]   [trɪk]   _____

❸ [trɪp]   [striːt]   [traɪ]   [truː]   _____

❹ [drʌm]   ['drɑːmə]   [driːm]   [drʌg]   _____

❺ ['traʊzəz]   ['trʌbl]   ['trænspɔːt]   ['træfɪk]   _____

[tr]
[dr]

三 Read and write、拼读音标，写出单词。

    ['hʌndrədz]   ['tʃɪldrən]   [trɪp]

❶ _____ of _____ take a _____.

上百个孩子们去旅行。

        [dres]   [streɪndʒ]   [trɪk]

❷ They _____ up in _____ clothes and play _____ or

   [triːt]

_____.

他们乔装打扮穿上奇怪的衣服，玩"不给糖就捣蛋"。

12 鼻辅音 [m] & [n] & [ŋ]

发音代言人

鼻辅音 [m]

moon [muːn]

n. 月亮

发音方法

双唇紧闭，舌头放平，气流从鼻腔内逸出，振动声带发音。

读音归纳

读单词，听发音，总结发音规律

animal ⟶	['ænɪməl]	n. 动物
mail ⟶	[meɪl]	n. 邮件
map ⟶	[mæp]	n. 地图
money ⟶	['mʌni]	n. 钱
move ⟶	[muːv]	v. 移动
my ⟶	[maɪ]	pron. 我的
simple ⟶	['sɪmpl]	adj. 简单的
smart ⟶	[smɑːt]	adj. 聪明的

[m] 是字母 _____的发音。

grammar ⟶	['græmə]	n. 语法
hammer ⟶	['hæmə]	n. 锤子
summer ⟶	['sʌmə]	n. 夏季
climb ⟶	[klaɪm]	v. 爬
lamb ⟶	[læm]	n. 羔羊
autumn ⟶	['ɔːtəm]	n. 秋天

[m] 是字母组合 _____、_____和_____的发音。

[m]
[n]
[ŋ]

鼻辅音 [n]

nose [nəʊz]

n. 鼻子

双唇微张，舌尖抵上齿龈，气流从鼻腔内逸出，振动声带发音。

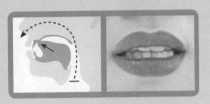

读音归纳 ▶

读单词，听发音，总结发音规律

brain	→	[breɪn]	n. 头脑
neck	→	[nek]	n. 脖子
night	→	[naɪt]	n. 夜晚
nine	→	[naɪn]	num. 九
no	→	[nəʊ]	adv. 不
number	→	['nʌmbə]	n. 数字

▶ [n] 是字母 _____ 的发音。

funny	→	['fʌni]	adj. 有趣的
sunny	→	['sʌni]	adj. 阳光的
tennis	→	['tenɪs]	n. 网球
winner	→	['wɪnə]	n. 获胜者

▶ [n] 是字母组合 _____ 的发音。

[m]

[n]

[ŋ]

design	→	[dɪ'zaɪn]	n. 设计
foreign	→	['fɒrən]	n. 外国的
sign	→	[saɪn]	n. 标志

▶ [n] 是字母组合 _____ 的发音。

请想一想，在下面这几个词里，kn 发什么音呢？

knife → [naɪf] n. 刀   knee → [niː] n. 膝盖

know → [nəʊ] v. 知道   knock → [nɒk] v. 敲打

小结：这几个词中 k 不发音，kn 整体发 [n] 音。

▶

▶

鼻辅音 [ŋ]

ring [rɪŋ]

n. 戒指

双唇张开，舌后部贴软腭，气流从鼻腔内逸出，振动声带发音。

读音归纳 ▶

读单词，听发音，
总结发音规律

bring	→ [brɪŋ]	*v.* 带来
long	→ [lɒŋ]	*adj.* 长的
morning	→ ['mɔːnɪŋ]	*n.* 早晨
sing	→ [sɪŋ]	*v.* 唱歌
spring	→ [sprɪŋ]	*n.* 春天
strong	→ [strɒŋ]	*adj.* 强壮的
thing	→ [θɪŋ]	*n.* 事情
young	→ [jʌŋ]	*n.* 年轻人

[ŋ] 是字母组合 _____ 的发音。

bank	→ [bæŋk]	*n.* 银行
ink	→ [ɪŋk]	*n.* 墨水
thank	→ [θæŋk]	*n.* 感谢
think	→ [θɪŋk]	*v.* 想
uncle	→ ['ʌŋkl]	*n.* 叔叔
finger	→ ['fɪŋgə]	*n.* 手指

[ŋ] 是字母 _____ 在 [k] 和 [g] 前时的发音。

[m]
[n]
[ŋ]

Winter is coming. Though it is snowing outside, it is very warm in the room. It is time for dinner. The ant king is hungry, and the ant cook is making a yummy meal. His neighbour is a mouse knight. Now, he is dancing with foreign music.

冬天来了。尽管屋外下着大雪，室内还是很温暖的。晚饭的时间到了。蚁王饿了，蚂蚁厨师正在煮美味的餐饭。他的邻居是一位老鼠骑士。现在，这位骑士正伴着外国音乐跳舞。

[m]
[n]
[ŋ]

winter ['wɪntə] *n.* 冬天

snowing [snəʊɪŋ] *v.* 下雪

warm [wɔːm] *adj.* 温暖的

room [ruːm] *n.* 房间

time [taɪm] *n.* 时间

dinner ['dɪnə] *n.* 晚餐

ant [ænt] *n.* 蚂蚁

king [kɪŋ] *n.* 国王

hungry ['hʌŋgri] *adj.* 饥饿的

making ['meɪkɪŋ] *v.* 制作

yummy ['jʌmi] *adj.* 美味的

meal [miːl] *n.* 餐，饭

mouse [maʊs] *n.* 老鼠

knight [naɪt] *n.* 骑士

now [naʊ] *adv.* 现在

dancing ['dɑːnsɪŋ] *v.* 跳舞

foreign ['fɒrən] *adj.* 外国的

music ['mjuːzɪk] *n.* 音乐

['meni] [men]   [maɪndz]
❶ Many men, many minds.
十个人，十条心。

[nʌn]   ['bɪznəs]
❷ It is none of your business.
不关你的事。

[kɪŋ]   [sɪŋ] [sɒŋz]
❸ The king likes to sing songs.
这位国王喜欢唱歌。

趣味大挑战

读一读，记录下你朗读下面句子的最短时间吧！

❶ I scream, you scream, and we all scream for ice-cream!
我叫喊，你叫喊，我们都叫喊着想要冰激凌。

🔔 用时_____秒！

❷ You know I know that you know. I know you know that I know.
你知道我知道你知道，我知道你知道我知道。

🔔 用时_____秒！

❸ The ring on the spring string rings during spring time.
弹簧弦上的环在春天鸣响。

注：spring 除了有"春天"的意思，还有"弹簧"的含义。

🔔 用时_____秒！

[m]
[n]
[ŋ]

一 Read and match、读音标，连单词。

moon   [sprɪŋ]

ring   [rɪŋ]

nose   ['ænɪməl]

animal   [nəʊz]

spring   [muːn]

二 Listen, circle and write、听录音，圈出听到的音标，并写出单词。

❶ [rɪŋ]   [breɪŋ]   [sprɪŋ]   [brɪŋ]   _____

❷ [naɪf]   [niː]   [nəʊ]   [nɒk]   _____

❸ ['sʌmə]   ['græmə]   ['hæmə]   ['wɪnə]   _____

❹ [rʌn]   [nʌn]   [jʌŋ]   ['mʌni]   _____

三 Read and write、拼读音标，写出单词。

[m]
[n]
[ŋ]

          ['hʌŋgri]   [miːl]

❶ He is so _____ that he wants to have a _____.

他太饿了，想要吃顿饭。

      [sprɪŋ]   ['kʌmɪŋ]   [ænt]   ['sɪŋɪŋ]   [læm]

❷ _____ is _____. The _____ is _____, and the _____ is

  ['rʌnɪŋ]

_____.

春天来了，蚂蚁在唱歌，小羊在奔跑。

13 半元音 [w] & [j]

半元音 [w]

witch [wɪtʃ]
n. 女巫

发音方法

双唇收圆前突，舌后部抬起，气流从双唇间摩擦逸出，振动声带发音。

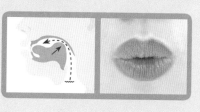

读音归纳

读单词，听发音，
总结发音规律

wall	→	[wɔːl]	*n.* 墙
well	→	[wel]	*adv.* 好地
wet	→	[wet]	*adj.* 潮湿的
will	→	[wɪl]	*v.* 将，将要
win	→	[wɪn]	*v.* 赢
wind	→	[wɪnd]	*n.* 风
between	→	[bɪ'twiːn]	*prep.* 在……之间
twin	→	[twɪn]	*n.* 双胞胎之一

[w] 是字母
_____ 的发音。

what	→	[wɒt]	*pron.* 什么
whale	→	[weɪl]	*n.* 鲸
when	→	[wen]	*pron.* 什么时候
where	→	[weə]	*pron.* 哪里
which	→	[wɪtʃ]	*pron.* 哪一个
why	→	[waɪ]	*adv.* 为什么

[w] 是字母组合
_____ 的发音。

[w]
[j]

quick ⟶ [kwɪk]	*adj.* 迅速的	
quiet ⟶ ['kwaɪət]	*adj.* 安静的	
quite ⟶ [kwaɪt]	*adv.* 很	

⟶ [kw] 是字母组合 _____ 的发音。

注意:

这两个词中也有 [w] 音, one → [wʌn] *num.* 一个, once → [wʌns] *adv.* 一次。

半元音 [j]
yard [jɑːd]
n. 院子

双唇向两边展开,舌前部抬起,气流从舌和上腭缝隙逸出,振动声带发音。

读音归纳 ▶

读单词,听发音,总结发音规律

yes ⟶ [jes]	*adv.* 是	
yesterday ⟶ ['jestədeɪ]	*n.* 昨天	
yogurt ⟶ ['jɒgət]	*n.* 酸奶	
you ⟶ [juː]	*pron.* 你,你们	
youth ⟶ [juːθ]	*n.* 青春	

⟶ [j] 是字母 _____ 的发音。

billion ⟶ ['bɪljən]	*n.* 十亿	
million ⟶ ['mɪljən]	*n.* 百万	
trillion ⟶ ['trɪljən]	*n.* 万亿	

⟶ [j] 是字母组合 _____ 的发音。

[w]
[j]

attitude ⟶ ['ætɪtjuːd]	*n.* 态度	
unit ⟶ ['juːnɪt]	*n.* 单元	

⟶ [juː] 是字母 _____ 的发音。

The young queen wears a long white dress with a friendly smile. She stands by a window at Harvard University. A student lawyer gives her a bunch of yellow flowers.

年轻的女王穿着白色的长裙，面带亲和的笑容。她站在哈佛大学一面窗户前。一名实习律师献给她一束淡黄色的花束。

queen [kwiːn] *n.* 女王
wear [weə] *v.* 穿
white [waɪt] *adj.* 白色的
with [wɪð] *prep.* 带着
window ['wɪndəʊ] *n.* 窗户

young [jʌŋ] *adj.* 年轻的
university [ˌjuːnɪ'vɜːsəti] *n.* 大学
student ['stjuːdnt] *n.* 学生
lawyer ['lɔːjə] *n.* 律师
yellow ['jeləʊ] *adj.* 黄色的

[w]
[j]

❶ Which one would you like?

[wɪtʃ] [wʊd]

你喜欢哪一个？

❷ Where there is a will, there is a way.

[weə] [wɪl] [weɪ]

有志者事竟成。

❸ He works year by year.

[jɪə]

他年复一年地工作。

❹ Millions of letters were sent yesterday.

['mɪljənz] ['jestədeɪ]

昨天数以百万计的信件被发送了出去。

趣味大挑战

读一读，记录下你朗读下面句子的最短时间吧！

❶ While we were walking, we saw window washers washing windows with warm water.

走路时，我们看到了窗户清洁工在用温水清洗窗户。

🔔 用时＿＿＿＿秒！

❷ The yellow bird has yelled for many years in the yard of Yale.

那只黄色的鸟儿在耶鲁大学的校园里唱了好多年的歌。

🔔 用时＿＿＿＿秒！

[w]
[j]

扫码做练习

一 Read and match、读音标，连单词。

wind [wɪtʃ]

witch ['stjuːdnt]

yard [wɪnd]

whale [jɑːd]

student [weɪl]

二 Listen, circle and write、听录音，圈出听到的音标，并写出单词。

❶ [wɪl]　　[wel]　　[wɔːl]　　[wɪn]　　_____

❷ [jʌŋ]　　[juːθ]　　['jɒgət]　　['jʌmi]　　_____

❸ [wɒt]　　[waɪ]　　[weɪl]　　[wen]　　_____

❹ [weə]　　[weɪl]　　[wel]　　[waɪt]　　_____

❺ [kwɪk]　　['kwaɪət]　　[kwaɪt]　　[kwiːn]　　_____

三 Read and write、拼读音标，写出单词。

　　　　　　　[wɒt]　　　　　　　　　　　[wɔːl]
❶ Be careful _____ you say; even the _____ has ears!
说话要小心，隔墙有耳啊！

['jestədeɪ]　　　　　　　　　　　　　　　　['jeləʊ]

[w]

[j]

❷ _____ mom and I went shopping and we bought a _____ and
　　[waɪt]
_____ sweater.
昨天，我和妈妈去购物了，我们买了一件黄白相间的毛衣。

67

14 舌侧音 [l]

舌侧音 [l]

leaf [liːf]

n. 叶子

发音方法

双唇略张，舌尖抵着上齿龈，舌前部抬起靠近硬腭。气流从舌的两侧流出，声带振动发音。[l] 位于词首或元音前时发清晰音，类似"了"；[l] 位于辅音前或词尾时发模糊音，类似"欧"。

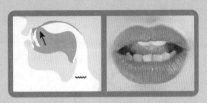

读音归纳

alive	→	[ə'laɪv]	*adj.* 活着的
clean	→	[kliːn]	*adj.* 干净的
flag	→	[flæg]	*n.* 旗
lady	→	['leɪdi]	*n.* 女士
laugh	→	[lɑːf]	*v.* 笑
leg	→	[leg]	*n.* 腿
letter	→	['letə]	*n.* 字母
library	→	['laɪbrəri]	*n.* 图书馆
lift	→	[lɪft]	*v.* 抬
line	→	[laɪn]	*n.* 线
lion	→	['laɪən]	*n.* 狮子
lip	→	[lɪp]	*n.* 嘴唇
loud	→	[laʊd]	*adj.* 大声的
lucky	→	['lʌki]	*adj.* 幸运的

读单词，听发音，总结发音规律

[l] 是字母 _____ 在词首或元音前的发音。

[l]

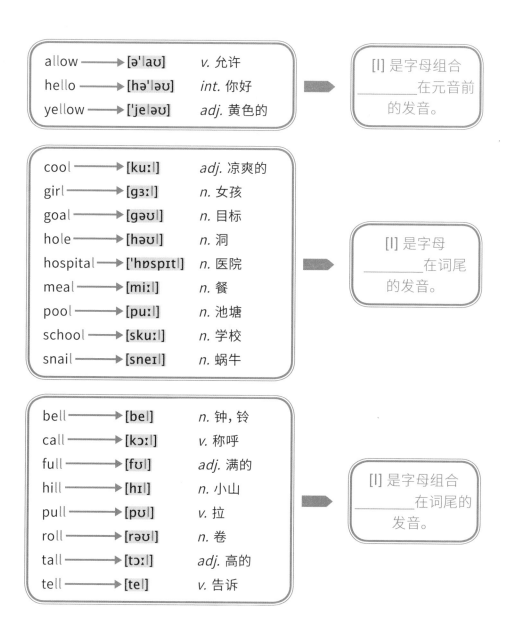

allow ——→ [ə'laʊ]　　v. 允许
hello ——→ [hə'ləʊ]　　int. 你好
yellow ——→ ['jeləʊ]　　adj. 黄色的

[l] 是字母组合
_____在元音前
的发音。

cool ——→ [kuːl]　　adj. 凉爽的
girl ——→ [ɡɜːl]　　n. 女孩
goal ——→ [ɡəʊl]　　n. 目标
hole ——→ [həʊl]　　n. 洞
hospital ——→ ['hɒspɪtl]　　n. 医院
meal ——→ [miːl]　　n. 餐
pool ——→ [puːl]　　n. 池塘
school ——→ [skuːl]　　n. 学校
snail ——→ [sneɪl]　　n. 蜗牛

[l] 是字母
_____在词尾
的发音。

bell ——→ [bel]　　n. 钟，铃
call ——→ [kɔːl]　　v. 称呼
full ——→ [fʊl]　　adj. 满的
hill ——→ [hɪl]　　n. 小山
pull ——→ [pʊl]　　v. 拉
roll ——→ [rəʊl]　　n. 卷
tall ——→ [tɔːl]　　adj. 高的
tell ——→ [tel]　　v. 告诉

[l] 是字母组合
_____在词尾的
发音。

想一想，在下面这些词里，l 发什么音？

could → [kʊd] modal v. 能够，打算　　would → [wʊd] modal v. 会，将
half → [hɑːf] n. 一半　　palm → [pɑːm] n. 手掌
walk → [wɔːk] v. 步行

小结: 在 ould, alf, alm, alk 组合中 l 不发音。

[l]

Lily and Lucy are twins. They look like each other and look after each other. They like the same things. They love eating apples and drinking milk. They like listening to English songs and playing football. In fall, they usually climb hills and fly kites near the lake.

莉莉和露西是双胞胎。她们长相一样，彼此互相照顾。她们喜欢同样的事物。她们爱吃苹果，爱喝牛奶。她们喜欢听英文歌曲，爱踢足球。在秋天，她们通常去爬山，在湖边放风筝。

look [lʊk] v. 看

like [laɪk] prep. 像

love [lʌv] v. 喜爱

listen ['lɪsn] v. 听

English ['ɪŋglɪʃ] adj. 英语的

play [pleɪ] v. 玩

usually ['juːʒuəli] adv. 通常

climb [klaɪm] v. 爬

fly [flaɪ] v. 飞

lake [leɪk] n. 湖

apple ['æpl] n. 苹果

milk [mɪlk] n. 牛奶

football ['fʊtbɔːl] n. 足球

fall [fɔːl] n. 秋天

hill [hɪl] n. 小山

[l]

[ɔ:l]　[wel]　　　　　[wel]
❶ All is well that ends well.
结局好一切都好。

[lʌv]　　　[lʌv]
❷ Love me, love my dog.
爱屋及乌。

['pi:pl]　　　　　　　　　[lʌvz]　　[la:f]　　　　　　[lʌk]
❸ People say the one who loves to laugh won't have a bad luck.
人们说爱笑的人运气都不会太差。

趣味大挑战

读一读，记录下你朗读下面句子的最短时间吧！

❶ On cloudy days, Lily usually sells seashell near the large lake.
在多云的天气里，莉莉通常在一片巨大的湖边卖贝壳。

🔔 用时＿＿＿秒！

❷ A little pill may well cure a great ill.
一粒小药丸可能治愈大疾病。

🔔 用时＿＿＿秒！

[I]

一　Read and match. 读音标，连单词。

hospital   [skuːl]

leg   ['hɒspɪtl]

bell   [flæg]

flag   [bel]

school   [leg]

二　Listen, circle and write. 听录音，圈出听到的音标，并写出单词。

❶ [gəʊl]　[kliːn]　[kuːl]　[flæg]　_____

❷ [puːl]　[skuːl]　[mɪlk]　[sneɪl]　_____

❸ [wel]　[tel]　[rəʊl]　[hɪl]　_____

❹ [pleɪ]　[pleɪs]　[flɔː]　[blæk]　_____

❺ [kʊd]　[haːf]　[paːm]　[wɔːk]　_____

三　Read and write. 拼读音标，写出单词。

    [tel]   [tɔːl]   [skuːl]

❶ I _____ a long story to a _____ girl at _____ .

在学校，我向一个个子高高的女孩，讲了一个长长的故事。

    [laːfs]   [laɪk]

❷ She _____ happily and would _____ to play basketball with me.

她笑得很开心，想要跟我一起打篮球。

[I]

Part 2

元音

01 短元音 [æ]

发音代言人

短元音 [æ]

apple ['æpl]

n. 苹果

发音方法

嘴巴张大，尽量向两侧张开，上下齿之间大约可容纳两个手指的宽度。舌前部抬起，舌尖轻轻抵住下齿背。发音时逐渐压低舌头和下腭，振动声带，发出 [æ] 音。

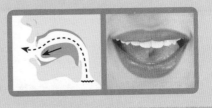

读音归纳

读单词，听发音，总结发音规律

ant ⟶ [ænt]	*n.* 蚂蚁
black ⟶ [blæk]	*adj.* 黑色的
dad ⟶ [dæd]	*n.* 爸爸
hand ⟶ [hænd]	*n.* 手
happy ⟶ ['hæpi]	*adj.* 快乐的
jacket ⟶ ['dʒækɪt]	*n.* 夹克
map ⟶ [mæp]	*n.* 地图
plan ⟶ [plæn]	*n.* 计划
rabbit ⟶ ['ræbɪt]	*n.* 兔子
stand ⟶ [stænd]	*v.* 站

[æ] 是字母 _____ 在重读闭音节中的发音。

The Black family are ants. They are looking for ham. Dad is happy because he finds some jam on the map. His son Sam is standing in the sand. He is angry because a rabbit carries away all his carrots.

布莱克一家是蚂蚁。他们在寻找火腿。爸爸很开心，因为他在地图上看到了果酱。儿子萨姆站在沙子里。他很生气，因为他的胡萝卜都被一只兔子拿走了。

family ['fæməli] *n.* 家庭
ham [hæm] *n.* 火腿
jam [dʒæm] *n.* 果酱
sand [sænd] *n.* 沙子

angry ['æŋgri] *adj.* 生气的
rabbit ['ræbɪt] *n.* 兔子
carry ['kæri] *v.* 搬运
carrot ['kærət] *n.* 胡萝卜

快读快练

[kæn]   [hænd]
❶ Can you open the door for me? My hand is dirty.
你能帮我开下门吗？我的手脏了。

- -

[plæn]   [kæn]   [kæt]   ['bækpæk]
❷ I have a good plan. You can put the cat in your backpack.
我有个好主意。你可以把猫放在你的背包里。

- -

[dæd]   [hæm]   [dʒæm]
❸ Dad likes to eat ham and jam.
爸爸喜欢吃火腿和果酱。

趣味大挑战

读一读，记录下你朗读下面句子的最短时间吧！

Can you can a can as a canner can can a can?
你能够像罐头工人一样装罐头吗？

注：can 有多个词义，除了常用的"能，可以"外，还能作动词表示"把食品装罐保存"，
作名词表示"罐，听"。

 用时＿＿＿＿秒！

一 **Read and match、读音标，连单词。**

hand   [fæn]

rabbit   ['bækpæk]

stand   [hænd]

fan   ['ræbɪt]

backpack   [stænd]

二 **Listen, circle and write、听录音，圈出听到的音标，并写出单词。**

① [hæt]   [help]   [hæm]   [hænd]   _____

② [bæt]   [mæp]   [pæt]   [pet]   _____

③ [sænd]   [stænd]   [hænd]   [plæn]   _____

④ [dæd]   ['æpl]   [blæk]   ['dʒækɪt] _____

三 **Read and write、拼读音标，写出单词。**

        ['fæməli]   ['hæpi]

① My _____ is going on a trip. So we are very _____.
我们一家人要去旅行了，因此我们很开心。

                          [fæn]

② My dad is can fix the _____.
我爸爸会修电扇。

02 短元音 [e]

发音方法

短元音 [e]

egg [eg]

n. 鸡蛋

嘴巴向两侧微微分开，上下齿之间大约可容纳一根手指的距离。舌尖稍微接触下齿背，振动声带，发出 [e] 音。

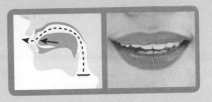

读音归纳

读单词，听发音，
总结发音规律

bedroom	→	['bedruːm]	*n.* 卧室
bell	→	[bel]	*n.* 门铃
best	→	[best]	*adj.* 最好的
elephant	→	['elɪfənt]	*n.* 大象
eleven	→	[ɪ'levn]	*num.* 十一
red	→	[red]	*adj.* 红色的
rest	→	[rest]	*n.* 休息
spend	→	[spend]	*v.* 度过
tell	→	[tel]	*v.* 告诉
Wednesday	→	['wenzdeɪ]	*n.* 星期三
weekend	→	[ˌwiːk'end]	*n.* 周末

[e] 是字母
_____ 在重读
闭音节中的发音。

breakfast ➔ ['brekfəst]　*n.* 早餐
dead ➔ [ded]　*adj.* 死的
weather ➔ ['weðə]　*n.* 天气

➔ [e] 是字母组合 ＿＿＿＿＿＿＿＿ 的发音。

[e]

情境学音

On the lawn, a family set the table. There are bread, milk, eggs and fruits. Outside of the tent, two kids are doing exercise. A hen with red feather is finding an insect.

草坪上，一家人摆好餐桌。桌子上摆有面包、牛奶、鸡蛋和水果。帐篷外，两个孩子在锻炼。一只长有红色羽毛的母鸡在找昆虫吃。

set [set] *v.* 摆放
bread [bred] *n.* 面包
tent [tent] *n.* 帐篷
exercise ['eksə,saɪz] *n.* 锻炼

hen [hen] *n.* 母鸡
feather ['feðə] *n.* 羽毛
insect ['ɪnsekt] *n.* 昆虫

快读快练

        ['nevə]   [pet]

❶ I have never been to a pet shop.

我从来都没有去过宠物商店。

        ['speʃəl] [ʃelf]

❷ My dad bought a special shelf for me.

我爸爸为我买了一个特别的架子。

趣味大挑战

读一读，记录下你朗读下面句子的最短时间吧！

Fred fed Ted bread and Ted fed Fred bread.

弗雷德给泰德喂面包，泰德给弗雷德喂面包。

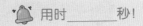 用时_____秒！

练习

一 Read and match、读音标，连单词。

elephant [bel]

bell ['elɪfənt]

red [tent]

tent [bred]

bread [red]

二 Listen, circle and write、听录音，圈出听到的音标，并写出单词。

① [waɪt] [best] [red] ['elɪfənt] _____

② [ʃɔːt] [set] ['speʃəl] ['melən] _____

③ ['nevə] [weə] ['feðə] ['wiːk'end] _____

④ [smel] ['wɔːtə] [spend] [red] _____

⑤ [bel] [tent] [bred] [tel] _____

三 Read and write、拼读音标，写出单词。

     [spend] [ˌwiːk'end]
① We will _____ the _____ in Shanghai.
  我们将要在上海过周末。

     [red] [tent]   [best]
② The _____ _____ is the _____.
  这个红色的帐篷是最好的。

03 短元音 [ɪ]

[ɪ]

短元音 [ɪ]

fish [fɪʃ]

n. 鱼

发音方法

嘴巴微微张开,嘴唇放松,向两旁延伸,呈微笑口型,上下齿之间约为一个小指尖的距离。舌尖抵下齿,舌位稍低,振动声带,发出 [ɪ] 音。

读音归纳

animal ➡ ['ænɪml]	*n.* 动物
artist ➡ ['ɑːtɪst]	*n.* 画家
assistant ➡ [ə'sɪstənt]	*n.* 售货员;助理
city ➡ ['sɪti]	*n.* 城市
finger ➡ ['fɪŋgə]	*n.* 手指
pin ➡ [pɪn]	*n.* 大头针
pink ➡ [pɪŋk]	*adj.* 粉红的

读单词,听发音,总结发音规律

[ɪ] 是字母_____的发音。

because ➡ [bɪ'kɒz]	*conj.* 因为
become ➡ [bɪ'kʌm]	*v.* 变成
before ➡ [bɪ'fɔː]	*prep.* 在……以前
decide ➡ [dɪ'saɪd]	*v.* 决定
delicious ➡ [dɪ'lɪʃəs]	*adj.* 美味的
enjoy ➡ [ɪn'dʒɔɪ]	*v.* 享受

[ɪ] 是字母_____的发音。

copy	→	['kɒpi]	v. 抄写
forty	→	['fɔːti]	num. 四十
many	→	['meni]	adj. 许多的
sixty	→	['sɪksti]	num. 六十
sunny	→	['sʌni]	adj. 晴朗的

[i] 是字母 _____ 在词尾非重读时的发音。

[ɪ]

In a big tidy gym, six beautiful sisters are playing happily together. One of them is playing the guitar, and one is singing. Others are sitting there quietly, enjoying the sweet time.

在一个大大的、整洁的体育馆里，六位漂亮的姐妹在一起快乐地玩耍。一位在弹吉他，一位在唱歌。另外几位安静地坐在一旁，享受美好时光。

一起读单词

big [bɪg] *adj.* 大的

tidy ['taɪdi] *adj.* 整洁的

gym [dʒɪm] *n.* 体育馆

six [sɪks] *num.* 六

beautiful ['bjuːtɪfl] *adj.* 美丽的

sister ['sɪstə] *n.* 姐姐，妹妹

happily ['hæpɪli] *adv.* 快乐地

guitar [gɪ'taː] *n.* 吉他

sing [sɪŋ] *v.* 唱歌

sit [sɪt] *v.* 坐

快读快练

['pʌpɪt]   [pɪŋk]

❶ The puppet is pink.

这个木偶是粉色的。

[ɪn'dʒɔɪ]   [dɪ'lɪʃəs] [fɪʃ]

❷ Please enjoy the delicious fish.

请享用美味的鱼。

趣味大挑战

读一读，记录下你朗读下面句子的最短时间吧！

Silly Billy! Silly Billy! Silly Billy loves Lily.

Why is Silly Billy silly? Why does Silly Billy love Lily?

Silly Billy isn't silly.

傻傻的比利！傻傻的比利！傻瓜比利爱莉莉。

为什么傻瓜比利这么傻？为什么傻瓜比利爱莉莉？

傻瓜比利并不傻。

🔔 用时_____秒！

练习

扫码做练习

[ɪ]

一 Read and match、读音标，连单词。

river　　　　　['ænɪml]　　　　　

sunny　　　　　['rɪvə]　　　　　

pin　　　　　　['fɪŋgə]　　　　　

animal　　　　　['sʌni]　　　　　

finger　　　　　[pɪn]　　　　　

二 Listen, circle and write、听录音，圈出听到的音标，并写出单词。

① [dɪ'saɪd]　　[nɪə]　　　[pleɪt]　　　[fɪʃ]　　　_____

② [nest]　　　[tʃes]　　　[ri:d]　　　['meni]　　_____

③ [ʃɪp]　　　['kɒpi]　　　['sɪti]　　　[nju:]　　_____

④ [pɑ:s]　　　['eni]　　　[bɪ'fɔ:]　　　['bɪzi]　　_____

⑤ ['sɪstə]　　[sɪŋ]　　　[ʃɔ:t]　　　[praʊd]　　_____

三 Read and write、拼读音标，写出单词。

　　　　　　['rɪvə]　[bɪ'kʌmz]

① The _____ _____ clean.

这条河变得干净了。

　　　　　　[ænɪml]　[bɪ'kɒz]

② I like this _____ _____ it's very lovely.

我喜欢这只动物，因为它很可爱。

85

04 短元音 [ə]

[ə]

发音代言人 ▶

短元音 [ə]

balloon [bə'luːn]

n. 气球

发音方法 ▶

双唇放松微张，扁平分开。舌身平放，舌中部稍抬起伸向硬腭，不要与之接触。口腔肌肉和舌头放松，振动声带，发出 [ə] 音。

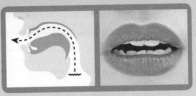

读音归纳 ▶

读单词，听发音，总结发音规律

about	➡	[ə'baʊt]	*prep.* 大约；关于
address	➡	[ə'dres]	*n.* 地址
again	➡	[ə'gen]	*adv.* 又，再
ago	➡	[ə'gəʊ]	*adv.* 以前
along	➡	[ə'lɒŋ]	*prep.* 沿着
America	➡	[ə'merɪkə]	*n.* 美国
away	➡	[ə'weɪ]	*adv.* 离开

➡ [ə] 是字母_____非重读时的发音。

better	➡	['betə]	*adj.* 更好的
bigger	➡	[bɪgə]	*adj.* 更大的
farmer	➡	['fɑːmə]	*n.* 农民
father	➡	['fɑːðə]	*n.* 父亲

➡ [ə] 是字母组合_____的发音。

其 他

album ['ælbəm] *n.* 相册
upon [ə'pɒn] *prep.* 在……之上
April ['eɪprəl] *n.* 四月
holiday ['hɒlə,deɪ] *n.* 假期

famous ['feɪməs] *adj.* 著名的
nervous ['nɜːvəs] *adj.* 紧张的
second ['sekənd] *num.* 第二
popular ['pɒpjʊlə] *adj.* 受欢迎的

[ə]

情境学音 ▶

In a classroom, a teacher asks students to write down their dreaming jobs on the paper. The answers are different, such as doctor, teacher, waiter, farmer, scientist, singer, actor and worker.

教室里，老师让学生们把梦想的职业写在纸上。孩子们的答案各不相同，例如医生、教师、服务员、农民、科学家、歌唱家、演员和工人。

 一 起 读 单 词

teacher ['tiːtʃə] *n.* 教师
paper ['peɪpə] *n.* 纸
different ['dɪfrənt] *adj.* 不同的
doctor ['dɒktə] *n.* 医生

waiter ['weɪtə] *n.* 服务员
singer ['sɪŋə] *n.* 歌唱家
actor ['æktə] *n.* 演员
worker ['wɜːkə] *n.* 工人

[ə]

① ['fɑːðə] ['fɑːmə]
① His father is a farmer.
他的父亲是一位农民。

② ['weɪtə] ['wɔːtə]
② The waiter provided some water to us.
服务员给我们提供了一些水。

读一读，记录下你朗读下面句子的最短时间吧！

A famous singer from Africa asked the American waiter for some water.
一位著名的非洲歌唱家让这位美籍服务员为他提供一些水。

🔔 用时_____秒！

[ə]

一 **Read and match、读音标，连单词。**

teacher   ['tiːtʃə]

holiday   ['ælbəm]

paper   ['dɒktə]

album   ['peɪpə]

doctor   ['hɒlə,deɪ]

二 **Listen, circle and write、听录音，圈出听到的音标，并写出单词。**

❶ [desk]   [əˈbaʊt]   [feɪs]   [weɪk]   _____

❷ [ˈbetə]   [dɒg]   [haɪk]   [gəʊ]   _____

❸ [fɔːl]   [bɪgə]   [meɪ]   [ˈdɪnə]   _____

❹ [drɔː]   [pɪk]   [ˈfʌni]   [ˈnɜːvəs]   _____

❺ [lɜːn]   [ˈsekənd]   [hɪz]   [faɪt]   _____

三 **Read and write、拼读音标，写出单词。**

          ['sekənd]   ['ælbəm]   ['betə]

❶ I think the _____ _____ is _____.
我觉得第二个相册更好。

          [əˈmerɪkə]   ['hɒlə,deɪ]

❷ My family will go to _____ on _____.
我们一家要去美国度假。

05 短元音 [ɒ]

[ɒ]

短元音 [ɒ]

box [bɒks]

n. 盒子

发音方法

双唇张开、稍稍收圆，舌身降低后缩。振动声带，短促的气流从口腔冲出，发出 [ɒ] 音。

读音归纳

读单词，听发音，总结发音规律

clock	→ [klɒk]	*n.* 钟
crossing	→ ['krɒsɪŋ]	*n.* 十字路口
doll	→ [dɒl]	*n.* 娃娃
god	→ [gɒd]	*n.* 神
hot	→ [hɒt]	*adj.* 热的
hospital	→ ['hɒspɪtl]	*n.* 医院
job	→ [dʒɒb]	*n.* 工作
lock	→ [lɒk]	*n.* 锁
long	→ [lɒŋ]	*adj.* 长的
mop	→ [mɒp]	*n.* 拖把
not	→ [nɒt]	*adv.* 不
office	→ ['ɒfɪs]	*n.* 办公室

[ɒ] 是字母 _____ 的发音。

quantity	→	['kwɒntɪti]	n. 数量
quality	→	['kwɒlɪti]	n. 品质
wallet	→	['wɒlɪt]	n. 钱包
want	→	[wɒnt]	v. 想要
wash	→	[wɒʃ]	v. 洗
what	→	[wɒt]	pron. 什么

[ɒ] 是字母
_____的发音。

[ɒ]

情境学音

It is sunny today. An ox is eating grass. Two swans are flying in the sky. Two kids wear colorful socks and are playing near the rock. One has a watch, and one takes an orange. A dog is playing a pot.

今天天气晴朗。一头牛在吃草，两只天鹅在天空飞翔。岩石边，有两个穿着色彩斑斓袜子的孩子正在玩耍。一个孩子戴着手表，一个孩子拿着一个橘子。一只小狗在玩一个锅。

ox [ɒks] *n.* 牛

swan [swɒn] *n.* 天鹅

sock [sɒk] *n.* 袜子

rock [rɒk] *n.* 岩石

[ɒ]

watch [wɒtʃ] *n.* 手表

orange ['ɒrɪndʒ] *n.* 橘子

dog [dɒg] *n.* 狗

pot [pɒt] *n.* 锅

快读快练

　　　　　　　　　　　　['ɒfn]　　　　　　　　['ɒfɪs]　　　　[mɒp]　　　[lɒks]

❶ After work, she often cleans the office with a mop and locks the door.

她经常下班后用拖把打扫办公室，然后锁上门。

　　　　　　　　['sɒri]　　　　　　　　　[stɒp]　　　　　　[sɒŋz]

❷ I am sorry that you must stop singing songs in the library.

很抱歉，图书馆严禁唱歌。

趣味大挑战

读一读，记录下你朗读下面句子的最短时间吧！

Bob took a hot pot , but he overturned the pot and the hot water splattered on the floor.

鲍勃拿着一口热锅，但是他打翻了锅，把热水溅到了地上。

用时_____秒！

 扫码做练习

[ɒ]

一 Read and match、读音标，连单词。

swan   [hɒt]

mop   [swɒn]

watch   ['hɒspɪtl]

clock   [mɒp]

hot   [wɒtʃ]

hospital   [klɒk]

二 Listen, circle and write、听录音，圈出听到的音标，并写出单词。

① [wɒt]   ['tɜːki]   [tɔɪ]   [weɪk]   _____

② [wɒʃ]   [wɒtʃ]   [jʌn]   [eg]   _____

③ [kʊd]   [brɪdʒ]   [blæk]   [lɒŋ]   _____

④ [bɜːd]   [bɔːd]   [bɒks]   [miːt]   _____

⑤ ['ɒfɪs]   [maʊθ]   [mɒp]   [maɪ]   _____

三 Read and write、拼读音标，写出单词。

　　　　　　[dʒɒb]   ['hɒspɪtl]
① I have a _____ in a _____.
我在医院工作。

　　　　　　[hɒt]   [wɒnt]
② It is _____ today. I _____ an ice-cream.
今天天很热，我想要一个冰激凌。

93

06 短元音 [ʌ]

发音代言人

短元音 [ʌ]
bus [bʌs]
n. 公共汽车

发音方法

嘴巴张开，不要太大，脸部肌肉放松。舌尖轻抵下齿，舌中部稍抬起，振动声带，极为短促的气流从口腔冲出，发出 [ʌ] 音。

读音归纳

读单词，听发音，
总结发音规律

adult	→	['ædʌlt]	n. 成年人
bug	→	[bʌg]	n. 虫
but	→	[bʌt]	conj. 但是
club	→	[klʌb]	n. 俱乐部
dumpling	→	['dʌmplɪŋ]	n. 饺子
fun	→	[fʌn]	n. 乐趣
gun	→	[gʌn]	n. 枪

[ʌ] 是字母
_____的发音。

another	→	[ə'nʌðə]	pron. 另一个的
brother	→	['brʌðə]	n. 兄弟
love	→	[lʌv]	v. 喜爱
Monday	→	['mʌndeɪ]	n. 星期一
money	→	['mʌni]	n. 钱

[ʌ] 是字母
_____的发音。

cousin ———→ ['kʌzn]　　n. 堂兄妹
enough ——→ [ɪ'nʌf]　　adj. 足够的
touch ———→ [tʌtʃ]　　v. 触摸，接触
trouble ——→ ['trʌbl]　　n. 困难

[ʌ] 是字母组合 _____ 的发音。

flood ———→ [flʌd]　　n. 洪水
blood ———→ [blʌd]　　n. 血

[ʌ] 是字母组合 _____ 的发音。

[ʌ]

情境学音

　　Father and mother took their sons to the zoo by bus. In the zoo, monkeys are jumping up and down. Two bears are hugging each other. Ducks are swimming. Under a huge umbrella, a zoo keeper is washing a cup with a brush.

　　爸爸和妈妈带他们的儿子们坐公共汽车来到动物园。动物园里，猴子们跳上跳下，两只大熊互相拥抱，鸭子在游泳。在一把大大的伞下，一位饲养员正用刷子洗杯子。

mother ['mʌðə] *n.* 母亲

son [sʌn] *n.* 儿子

monkey ['mʌŋki] *n.* 猴子

jump [dʒʌmp] *v.* 跳

up [ʌp] *prep.* 在……上

hug [hʌg] *v.* 拥抱

duck [dʌk] *n.* 鸭子

under ['ʌndə] *prep.* 在……下

umbrella [ʌm'brelə] *n.* 雨伞

cup [kʌp] *n.* 杯子

brush [brʌʃ] *n.* 刷子

[ʌ]

快读快练

[mʌst]　　　[sʌm] [nʌts]　　[ˈʌnjənz]

❶ I must buy some nuts and onions.

我必须去买一些坚果和洋葱。

　　　　　　　　　[trʌst]　　　　　　　　　　　　　[ʌs]

❷ We should trust teachers and they can help us deal with the

['trʌbl]

trouble.

我们应该信任老师们，他们能帮我们解决麻烦。

趣味大挑战

读一读，记录下你朗读下面句子的最短时间吧！

Hun cuts the bun for her son in the sun.

哈恩在阳光下为儿子切面包。

 用时＿＿＿＿秒！

扫码做练习

一 Read and match、读音标，连单词。

donkey　　　　['mʌni]　　　　

money　　　　['mʌŋki]　　　　

bug　　　　['dɒŋki]

monkey　　　　[bʌg]

[ʌ]

二 Listen, circle and write、听录音，圈出听到的音标，并写出单词。

❶ [jʌŋ]　　　[huː]　　　[weə]　　　[tʌtʃ]　　　＿＿＿＿＿＿

❷ ['zɪpə]　　[lʌv]　　　[wɔːk]　　　['ʌŋkl]　　＿＿＿＿＿＿

❸ [ɪ'nʌf]　　[triː]　　　[tɒɪ]　　　[θɪn]　　　＿＿＿＿＿＿

❹ ['tiːtʃə]　['sʌni]　　['sʌmə]　　[ə'nʌðə]　　＿＿＿＿＿＿

❺ [fʊl]　　['mʌndeɪ]　['vɪlɪdʒ]　['wɪndi]　　＿＿＿＿＿＿

三 Read and write、拼读音标，写出单词。

　　　　　　　　　[lʌv]　　['mʌni]
❶ Most people ＿＿＿＿＿ ＿＿＿＿.
　　大部分人爱钱。

　　　　　　　　　[tʌtʃ]　　　　[bʌg]
❷ Don't ＿＿＿＿＿ the ＿＿＿＿.
　　不要触碰这只虫子。

97

07 短元音 [ʊ]

发音代言人

短元音 [ʊ]
book ['bʊk]
n. 书

发音方法

双唇自然收圆，稍稍向外突出，口形小而圆。舌后部向软腭抬起，振动声带，短促有力地发出 [ʊ] 音。

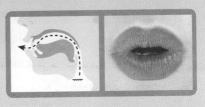

读音归纳

读单词，听发音，
总结发音规律

bookstore →	['bʊkstɔː]	*n.* 书店
cook →	[kʊk]	*v.* 烹饪
foot →	[fʊt]	*n.* 脚
football →	['fʊtbɔːl]	*n.* 足球
look →	[lʊk]	*v.* 看
wood →	[wʊd]	*n.* 木头

[ʊ] 是字母组合
_____的发音。

bush →	[bʊʃ]	*n.* 灌木丛
full →	[fʊl]	*adj.* 满的
push →	[pʊʃ]	*v.* 推
put →	[pʊt]	*v.* 放

[ʊ] 是字母
_____的发音。

could	→	[kʊd]	modal v. 能够
should	→	[ʃʊd]	modal v. 应该
would	→	[wʊd]	modal v. 将

[ʊ] 是字母组合
_____的发音。

情境学音

On the door of a department store, there is a "PULL" sign. The store is full of goods, such as cooking materials, books, sugar, salt, wool sweaters and so on.

百货商店门上贴有"拉"的标识。商店里摆满各种各样的货物，有烹饪材料、图书、糖、盐、羊毛衫等物品。

pull [pʊl] n. 拉
full [fʊl] adj. 满的
goods [gʊdz] n. 货物

cooking ['kʊkɪŋ] n. 烹饪
sugar ['ʃʊgə] n. 糖
wool [wʊl] n. 羊毛

[ʊ]

             [pʊt]   [tʊk]   ['kʊkɪz]

❶ My mom put away the clothes and took away the cookies.
妈妈收好衣服，然后把曲奇饼干拿走了。

                                [wʊl]   ['ʃʊdnt]

❷ The coat is made of wool and shouldn't be put in hot water to wash.
这件大衣是羊毛的，不应该把它放进热水里洗涤。

读一读，记录下你朗读下面句子的最短时间吧！

How many good cookies could a good cook cook if a good cook could cook good cookies?
如果一个好的厨师能做出美味的小甜饼，那么他能做多少个美味的小甜饼呢？

🔔 用时_____秒！

100

练习

扫码做练习

一 **Read and match、读音标，连单词。**

foot [ˈʃʊgə]

wood [fʊt]

sugar [bʊʃ]

bush [wʊd]

[ʊ]

二 **Listen, circle and write、听录音，圈出听到的音标，并写出单词。**

❶ [fʊt]　　　[pʊt]　　　[pʊl]　　　[fʊl]　　　_____

❷ [ˈkʊki]　　[kʊd]　　　[kʊk]　　　[kəʊk]　　_____

❸ [gʊd]　　　[wʊd]　　　[fuːd]　　　[wʊl]　　　_____

❹ [bʊk]　　　[lʊk]　　　[kʊk]　　　[tʊk]　　　_____

❺ [wʊd]　　　[bʊʃ]　　　[ˈʃʊgə]　　[pʊʃ]　　　_____

三 **Read and write、拼读音标，写出单词。**

　　　[lʊk]　　　　　　　[ˈkʊkɪŋ]
❶ _____! My dad is _____.
　　看！我爸爸正在做饭。

　　　　[kʊd]　　　　　　　　[wʊdz]　　　　　[bʊʃ]
❷ We _____ find some _____ in the _____.
　　我们可以在灌木丛里找到一些木头。

08 长元音 [ɑː]

发音代言人

长元音 [ɑː]
star [stɑː]
n. 星星

发音方法

嘴巴张大，双唇稍微收圆，口腔肌肉绷紧。舌身压低并后缩，舌后部稍隆起，发声部位靠后。气流从口腔中流出，振动声带发音。

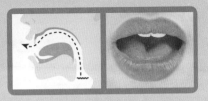

[ɑː]

读音归纳

读单词，听发音，总结发音规律

after ➡️	['ɑːftə]	*prep.* 在……后
ask ➡️	[ɑːsk]	*v.* 问
bath ➡️	[bɑːθ]	*n.* 洗澡
classmate ➡️	['klɑːsmeɪt]	*n.* 同学
dance ➡️	[dɑːns]	*v.* 跳舞
fast ➡️	[fɑːst]	*adv.* 快

[ɑː] 是字母
_____的发音。

arm ➡️	[ɑːm]	*n.* 手臂
art ➡️	[ɑːt]	*n.* 艺术
bar ➡️	[bɑː]	*n.* 块；条
car ➡️	[kɑː]	*n.* 小汽车
dark ➡️	[dɑːk]	*adj.* 黑暗的
far ➡️	[fɑː]	*adj.* 远的
farm ➡️	[fɑːm]	*n.* 农场
hard ➡️	[hɑːd]	*adj.* 硬的

[ɑː] 是字母组合
_____的发音。

half ⟶ [hɑːf]	*n.* 半	
heart ⟶ [hɑːt]	*n.* 心脏	
laugh ⟶ [lɑːf]	*v.* 笑	

字母组合____、____和____有时也发 [ɑː] 音。

情境学音

[ɑː]

Near the sea, a gardener is planting grass beside the garden path. In the sea, there are sharks and starfish. In the near square, an artist is drawing pictures and some kids are dancing.

海边，一位园丁正在花园小路旁种草。海里有鲨鱼和海星。旁边的广场上，一位艺术家正在画画，几个孩子在跳舞。

一起读单词

garden ['gɑːdn] *n.* 花园
path [pɑːθ] *n.* 小路
gardener ['gɑːdnə] *n.* 园丁
plant [plɑːnt] *v.* 种植

grass [grɑːs] *n.* 草
shark [ʃɑːk] *n.* 鲨鱼
starfish ['stɑːfɪʃ] *n.* 海星
artist ['ɑːtɪst] *n.* 艺术家

　　　　　　　['pɑ:ti]　　　[pɑ:k]
❶ They have a party in the park.
　他们在公园里开派对。

. . . .

　[lɑ:st]　　　　　[ɑ:nt]　　　[lɑ:dʒ] [mɑ:sk]
❷ Last night my aunt bought a large mask.
　昨晚，我姑妈买了一个大面具。

[ɑː]

趣味大挑战

读一读，记录下你朗读下面句子的最短时间吧！

The artist Carl asks his classmate to go to the park to play cards.
这位画家卡尔让他的同学去公园玩牌。

🔔 用时_____秒！

练习

扫码做练习

一 Read and match、读音标，连单词。

arm   [kɑː]

bath   [hɑːt]

car   ['mɑːkɪt]

heart   [ɑːm]

market   [bɑːθ]

二 Listen, circle and write、听录音，圈出听到的音标，并写出单词。

❶ [haɪk]   [dɑːns]   [ɡɜːl]   [fruːt]   _____

❷ [dʌk]   [dres]   [kaʊ]   [lɑːf]   _____

❸ [ʃɑːk]   [kæt]   [bluː]   ['æpl]   _____

❹ ['beɪbi]   [fɑː]   [fɔː]   [blæk]   _____

❺ [bæŋk]   [dæd]   [keɪk]   [stɑː]   _____

三 Read and write、拼读音标，写出单词。

[lɑːf]

❶ The cartoon is so funny that the kids _____ happily.
动画片如此有趣，孩子们都高兴地笑起来。

['mɑːkɪt]   [fɑː]

❷ The _____ is not very _____.
这个市场不是很远。

09 长元音 [iː]

发音代言人

长元音 [iː]

teeth [tiːθ]

n. 牙齿

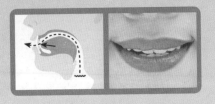
发音方法

舌尖轻抵下齿，嘴角向后缩，使双唇扁平分开，做出微笑的口型。气流从口腔中流出，振动声带，发出 [iː] 音。

读音归纳

agree ➝ [əˈɡriː]	v. 同意
bee ➝ [biː]	n. 蜜蜂
beef ➝ [biːf]	n. 牛肉
feed ➝ [fiːd]	v. 喂
feel ➝ [fiːl]	v. 感觉
free ➝ [friː]	adj. 空闲的
green ➝ [ɡriːn]	adj. 绿色的
keep ➝ [kiːp]	v. 保持
meet ➝ [miːt]	v. 遇见

读单词，听发音，总结发音规律

[iː] 是字母组合 _____ 的发音。

he ➝ [hiː]	pron. 他
she ➝ [ʃiː]	pron. 她
me ➝ [miː]	pron. 我
we ➝ [wiː]	pron. 我们

[iː] 是字母 _____ 的发音。

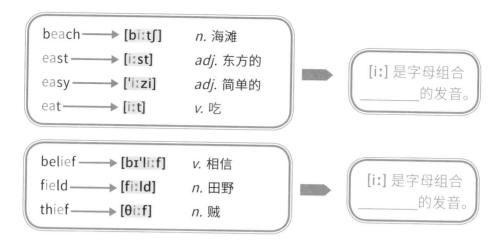

beach →	[biːtʃ]	n. 海滩	
east →	[iːst]	adj. 东方的	[iː] 是字母组合 _____的发音。
easy →	['iːzi]	adj. 简单的	
eat →	[iːt]	v. 吃	

belief →	[bɪ'liːf]	v. 相信	
field →	[fiːld]	n. 田野	[iː] 是字母组合 _____的发音。
thief →	[θiːf]	n. 贼	

[iː]

情境学音

We come to a noisy market. There are a lot of people. Many things are being sold, such as meat, beans, peas and peaches. They are very cheap. At the crossing, we meet a policeman.

我们来到一个喧闹的市场，市场上有很多人。有很多东西在出售，比如肉、青豆、豌豆、桃子。它们都很便宜。在十字路口，我们遇到了一位警察。

一起读单词

people ['piːpl] *n.* 人们

meat [miːt] *n.* 肉

bean [biːn] *n.* 青豆

pea [piː] *n.* 豌豆

peach [piːtʃ] *n.* 桃子

cheap [tʃiːp] *adj.* 便宜的

policeman [pəˈliːsmən] *n.* 警察

快读快练

[iː]

[riːd]   [swiːps]
❶ I usually read books, my mom sweeps the floor and my dad
[tiː]
drinks tea.

我经常读书，妈妈扫地，爸爸喝茶。

[siːl]   [siː]   [sliːp]
❷ The seal in the sea likes to sleep.

海里的这只海豹喜欢睡觉。

趣味大挑战

读一读，记录下你朗读下面句子的最短时间吧！

Peter keeps his seat clean. Caesar paints Peter's seat green.

彼得将他的座位保持干净。凯撒把彼得的座位漆成了绿色。

🔔 用时＿＿＿＿秒！

练习

扫码做练习

一 Read and match、读音标，连单词。

teeth   [piːtʃ]

feed   [iːt]

peach   [fiːd]

green   [tiːθ]

eat   [griːn]

[iː]

二 Listen, circle and write、听录音，圈出听到的音标，并写出单词。

① [miːt]   [tɔːl]   [juːz]   [blʌd]   _____

② ['ʌŋkl]   [ʃɔːt]   [bɪt]   ['iːzi]   _____

③ [skuːl]   [kiːp]   [raɪt]   [sæd]   _____

④ [rʌn]   [teɪl]   [swiːt]   [sliːp]   _____

⑤ [weɪt]   [meɪt]   [fiːl]   [zuː]   _____

三 Read and write、拼读音标，写出单词。

　　　　　　　　　　[griːn]　　　　　　　　　　[miːt]
① It is good to eat _____ food and some _____.
吃绿色食物和一些肉对身体好。

　　　　　　　['iːzi]　　　　[sliːp]
② It's not _____ to _____ early.
早睡不容易。

10 长元音 [ɔː]

发音代言人

长元音 [ɔː]

door [dɔː]

n. 门

发音方法

双唇收圆，肌肉有紧张感。舌后部抬起，舌身后缩，舌尖离开下齿。振动声带，发出 [ɔː] 音。发音长度是短元音 [ɒ] 的两倍。

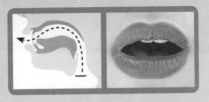

读音归纳

读单词，听发音，总结发音规律

all	→	[ɔːl]	*pron.* 所有的
tall	→	[tɔːl]	*adj.* 高的
walk	→	[wɔːk]	*v.* 走

[ɔː] 是字母组合 _____ 的发音。

August	→	['ɔːgəst]	*n.* 八月
autumn	→	['ɔːtəm]	*n.* 秋天
Australia	→	[ɔː'streɪliə]	*n.* 澳大利亚

[ɔː] 是字母组合 _____ 的发音。

corn	→	[kɔːn]	*n.* 玉米
sport	→	[spɔːt]	*n.* 运动
door	→	[dɔː]	*n.* 门
floor	→	[flɔː]	*n.* 地板

[ɔː] 是字母组合 _____ 的和 _____ 的发音。

before [bɪ'fɔ:] *prep.* 在……以前

blackboard ['blæk,bɔ:d] *n.* 黑板

bought [bɔ:t] *v.* 买

four [fɔ:] *num.* 四个

情境学音

[ɔ:]

On a warm autumn day, four friends are having a picnic in a park. They have corns, strawberries, salty hamburgers and so on. Three of them are using forks and the forth one is calling to her mom. There is an orange ball beside them.

一个暖和的秋日，四个小伙伴在公园野餐。他们有玉米、草莓、咸味汉堡等食物。其中三人手拿叉子正在就餐，另一个正在给她的妈妈打电话。在他们不远处有一个橙色的球。

warm [wɔ:m] *adj.* 温暖的

corn [kɔ:n] *n.* 玉米

strawberry ['strɔ:bəri] *n.* 草莓

salty ['sɔ:lti] *adj.* 咸的

fork [fɔ:k] *n.* 叉子

forth [fɔ:θ] *num.* 第四

call [kɔ:l] *v.* 打电话

ball [bɔ:l] *n.* 球

['dɔːtə]　　　　　　　[stɔː]　　[bɔːt]　　　['wɔːtə]
❶ My daughter went to the store and bought some water.
我女儿去商店买了一些水。

[ʃɔːt] ['stɔːri] [fɔː]
❷ My mom tells a short story for me every night.
我妈妈每天晚上都给我讲一个短故事。

[ɔː]

趣味大挑战

读一读，记录下你朗读下面句子的最短时间吧！

I thought a thought, but the thought I thought wasn't the thought I had thought.

我有一个想法，但是这个想法不是我曾经的那个想法。

注：这句中 thought 有两个意思，一个是动词 think 的过去式，一个是名词，表示 "想法"。

 用时_____秒！

扫码做练习

一 Read and match、读音标，连单词。

floor   ['dɔ:tə]

daughter   [fɔ:k]

fork   ['wɔ:tə]

water   [flɔ:]

[ɔ]

二 Listen, circle and write、听录音，圈出听到的音标，并写出单词。

① [spɔ:t]   [fɔ:θ]   [fɔ:k]   [brˈfɔ:]   _____

② [hɒt]   [ʃɔ:t]   [bʌt]   [lɒt]   _____

③ [ɔ:l]   [fɔ:l]   [hɔ:l]   [tɔ:l]   _____

④ [dɔ:t]   [wɔ:m]   [fɔ:]   [wɔ:]   _____

⑤ [kɔ:n]   [fæn]   [bɔ:l]   [kɔ:l]   _____

三 Read and write、拼读音标，写出单词。

                     [tɔ:l]   [fɔ:]   ['dɔ:təz]

① My friend is very _____. She has _____ _____.
我的朋友很高，她有四个女儿。

            [kɔ:nz]   ['wɔ:tə]   [flɔ:]

② Don't put the _____ and _____ on the _____.
不要把玉米和水放在地板上。

11 长元音 [ɜː]

发音代言人

长元音 [ɜː]

girl [gɜːl]

n. 女孩

[ɜː]

发音方法

半张开嘴巴，双唇略扁平。舌尖靠近下齿根部，舌头中间部分隆起。气流从口腔中流出，振动声带，发出长音 [ɜː]。

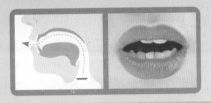

读音归纳

读单词，听发音，总结发音规律

bird	→	[bɜːd]	*n.* 鸟
birth	→	[bɜːθ]	*n.* 出生
first	→	[fɜːst]	*num.* 第一
shirt	→	[ʃɜːt]	*n.* 衬衫
third	→	[θɜːd]	*num.* 第三

➤ [ɜː] 是字母组合 ＿＿＿＿＿ 的发音。

church	→	[tʃɜːtʃ]	*n.* 教堂
fur	→	[fɜː]	*n.* 毛皮
turkey	→	['tɜːki]	*n.* 火鸡
turn	→	[tɜːn]	*v.* 转动

➤ [ɜː] 是字母组合 ＿＿＿＿＿ 的发音。

word	→	[wɜːd]	*n.* 单词
world	→	[wɜːld]	*n.* 世界
worth	→	[wɜːθ]	*n.* 价值

➤ [ɜː] 是字母组合 ＿＿＿＿＿ 的发音。

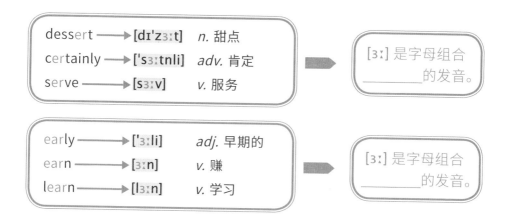

dessert ⟶ [dɪ'zɜːt]   *n.* 甜点
certainly ⟶ ['sɜːtnli]   *adv.* 肯定
serve ⟶ [sɜːv]   *v.* 服务

➡ [ɜː] 是字母组合
_____ 的发音。

early ⟶ ['ɜːli]   *adj.* 早期的
earn ⟶ [ɜːn]   *v.* 赚
learn ⟶ [lɜːn]   *v.* 学习

➡ [ɜː] 是字母组合
_____ 的发音。

情境学音

[ɜː]

The girl is a nurse. She heard a sir calling for help. She put her purse on the earth and helped the man who was hurt. Her purple skirt was dirty after work.

这个女孩是护士。她听到有位男士喊救命。她把手提袋放在地上，去帮助这个受伤的男人。做完这项工作后，她的紫色短裙都脏了。

girl [gɜːl] *n.* 女孩

nurse [nɜːs] *n.* 护士

heard [hɜːd] *v.* 听到
（hear 的过去式）

sir [sɜː] *n.* 先生

purse [pɜːs] *n.* 手提袋

earth [ɜːθ] *n.* 地面；地球

hurt [hɜːt] *adj.* 受伤的

purple ['pɜːpl] *adj.* 紫色的

skirt [skɜːt] *n.* 短裙

dirty ['dɜːti] *adj.* 脏的

work [wɜːk] *n.* 工作

快读快练

[ɜː]

❶ This term, I will read thirty books.
[tɜːm]   ['θɜːti]

这学期，我要读 30 本书。

❷ Every person is nervous when they walk further in the forest.
['pɜːsn]   ['nɜːvəs]   ['fɜːðə]

往森林深处走的时候，每个人都很紧张。

趣味大挑战

读一读，记录下你朗读下面句子的最短时间吧！

The early bird catches the worm.
早起的鸟儿有虫吃。

🔔 用时_____秒！

一　Read and match. 读音标，连单词。

nurse ['tɜːki]

turkey [dɪˈzɜːt]

dirty [lɜːn]

learn ['dɜːti]

dessert [nɜːs]

 [3x]

二　Listen, circle and write. 听录音，圈出听到的音标，并写出单词。

① [wɜːk]　　[wɜːld]　　[wɜːd]　　[wɜːm]　　_____

② [fɜː]　　[fɜːst]　　[θɜːd]　　['θɜːti]　　_____

③ ['ɜːli]　　[ɜːn]　　[ɜːθ]　　[hɜːd]　　_____

④ [tɜːn]　　[tɜːm]　　[hɜːt]　　['nɜːvəs]　　_____

⑤ [gɜːl]　　[sɜː]　　[skɜːt]　　[ʃɜːt]　　_____

三　Read and write. 拼读音标，写出单词。

　　　　　['dɜːti]　　['tɜːki]　　　　　　　　[hɜːt]

① The _____ _____ fell down and _____ itself.

这只脏火鸡摔了下来，伤到了它自己。

　　　　　[gɜːl]　　[lɜːnz]　　　　　[dɪˈzɜːt]

② This _____ _____ to make _____ for fun.

这个女孩学习做甜点消磨时光。

117

12 长元音 [uː]

发音代言人 ▶

长元音 [uː]
moon [muːn]
n. 月亮

发音方法 ▶

双唇收紧，趋于圆形，略向前突。舌后部抬起，舌身向后缩。双唇留下小气孔，向外吐气，振动声带，发出 [uː] 音。

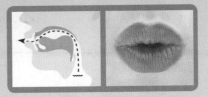

读音归纳 ▶

读单词，听发音，总结发音规律

do	➡ [duː]	*v.* 做
move	➡ [muːv]	*v.* 移动
who	➡ [huː]	*pron.* 谁
rude	➡ [ruːd]	*adj.* 粗鲁的
rule	➡ [ruːl]	*n.* 规则
ruler	➡ [ruːlə]	*n.* 尺子
true	➡ [truː]	*adj.* 真实的

[uː] 是字母_____和_____的发音。

boot	➡ [buːt]	*n.* 靴子
choose	➡ [tʃuːz]	*v.* 选择
cool	➡ [kuːl]	*adj.* 凉爽的
food	➡ [fuːd]	*n.* 食物
roof	➡ [ruːf]	*n.* 屋顶
tooth	➡ [tuːθ]	*n.* 牙齿
zoo	➡ [zuː]	*n.* 动物园

[uː] 是字母组合_____的发音。

group ⟶ [gruːp]   *n.* 组
route ⟶ [ruːt]   *n.* 路线
through ⟶ [θruː]   *prep.* 通过

➡ [uː] 是字母组合 _____ 的发音。

fruit ⟶ [fruːt]   *n.* 水果
juice ⟶ [dʒuːs]   *n.* 果汁

➡ [uː] 是字母组合 _____ 的发音。

情境学音

[uː]

Tom is a blue boy. When he is in a bad mood, he may have orange juice or soup in the school canteen, he may watch one or two movies and he may see pandas eating bamboos or one white goose swimming in the zoo, too.

汤姆是个忧郁的男孩。当他心情很糟糕的时候，他会去学校餐厅喝果汁和汤，会去看一两场电影，他也会去动物园看熊猫吃竹子，看一只白色的鹅游泳。

blue [bluː] *adj.* 忧郁的

mood [muːd] *n.* 心情

soup [suːp] *n.* 汤

school [skuːl] *n.* 学校

movie ['muːvi] *n.* 电影

bamboo [ˌbæm'buː] *n.* 竹子

goose [guːs] *n.* 鹅

too [tuː] *adv.* 也

快读快练

[uː]

　　　　　　　　　[tʃuː] [suːz] [ʃuːz]

❶ The dog likes to chew Sue's shoes.
这只狗喜欢咬苏的鞋。

　　　　　　　　　[bluː] [puːl]　　　[ʃuːz]

❷ He swims in a blue pool. His shoes are by the pool.
他在蓝色的游泳池游泳。他的鞋在泳池旁边。

趣味大挑战

读一读，记录下你朗读下面句子的最短时间吧！

She wears a pair of boots and brings some food and a tool to school.
她穿着一双靴子，带着一些食物和工具去学校。

🔔 用时_____秒！

扫码做练习

一 Read and match、读音标，连单词。

ruler　　　　[fruːt]　　　　　　

pool　　　　[ʃuː]　　　　　　

shoe　　　　[suːp]　　　　　　

fruit　　　　[tuːθ]　　　　　　

tooth　　　　[puːl]　　　　　　　　　[uː]

soup　　　　[ruːlə]　　　　　　

二 Listen, circle and write、听录音，圈出听到的音标，并写出单词。

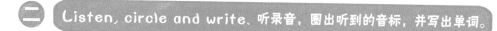

❶ [ʃuː]　　　[suːp]　　　[bʊk]　　　[tuː]　　　_____

❷ [bluː]　　　[blɜː]　　　[tuː]　　　[tuːl]　　　_____

❸ [skuːl]　　　[tuːθ]　　　[ʃuː]　　　[kuːl]　　　_____

❹ [fruːt]　　　[θruː]　　　[ruːf]　　　[ruːt]　　　_____

❺ [truːθ]　　　[dʒuːs]　　　[θruː]　　　[tʃuːz]　　　_____

三 Read and write、拼读音标，写出单词。

　　　　[huː]　　　　　　　　[bluː]
❶ _____ is the girl in _____?
那个穿蓝色衣服的女孩是谁？

　　　　　　　　　　　　　　[puːl]　　　　[skuːl]
❷ He likes to swim in the swimming _____at _____.
他喜欢在学校的游泳池游泳。

13 双元音 [aɪ]

发音代言人

双元音 [aɪ]
bike [baɪk]
n. 自行车

发音方法

嘴巴放松张大，舌尖抵住下齿，发 [ɑ:] 音。腭部慢慢抬起滑向 [ɪ] 音，舌位由低到高，口形由大到小。

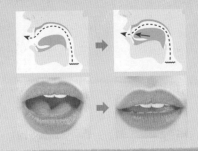

读音归纳

beside ⟶ [bɪˈsaɪd]	prep. 在……旁
hide ⟶ [haɪd]	v. 隐藏
knife ⟶ [naɪf]	n. 刀
line ⟶ [laɪn]	n. 线
mine ⟶ [maɪn]	pron. 我的
smile ⟶ [smaɪl]	v. 笑
white ⟶ [waɪt]	adj. 白色的
write ⟶ [raɪt]	v. 写

读单词，听发音，
总结发音规律

[aɪ] 是字母
_____ 在重读开音节中的发音。

bye ⟶ [baɪ]	int. 再见
my ⟶ [maɪ]	pron. 我的
sky ⟶ [skaɪ]	n. 天空
try ⟶ [traɪ]	v. 尝试
why ⟶ [waɪ]	adv. 为什么

[aɪ] 是字母
_____ 在重读开音节中的发音。

behind → [bɪ'haɪnd] *prep.* 在……后面

child → [tʃaɪld] *n.* 儿童

find → [faɪnd] *v.* 找到

mild → [maɪld] *adj.* 潮湿的

mind → [maɪnd] *n.* 头脑

wild → [waɪld] *adj.* 野生的

[aɪ] 是字母 _____ 的发音。

bright → [braɪt] *adj.* 明亮的

high → [haɪ] *adj.* 高的

light → [laɪt] *n.* 光

night → [naɪt] *n.* 晚上

[aɪ] 是字母组合 _____ 的发音。

情境学音

[aɪ]

A tiger lives behind a lion. On a fine day, the tiger called the lion and told him there was something wrong with his eyes. The lion took five bags of rice to the tiger's home by bike. But the tiger told a lie. He just wanted the lion to fly a kite with him.

一只老虎住在狮子后面。在一个晴天，这只老虎给狮子打电话，告诉他自己的眼睛有点不舒服。狮子带上五袋大米，骑着自行车来到老虎家。但是老虎撒了谎，他只是想让狮子跟他一起放风筝。

一起读单词

tiger [taɪgə] *n.* 老虎
lion ['laɪən] *n.* 狮子
fine [faɪn] *adj.* 好的
eye [aɪ] *n.* 眼睛
five [faɪv] *num.* 五

rice [raɪs] *n.* 米
bike [baɪk] *n.* 自行车
lie [laɪ] *n.* 撒谎
fly [flaɪ] *v.* 放飞
kite [kaɪt] *n.* 风筝

[aɪ]

快读快练

[laɪk]
❶ Like cow, like calf.
有其父必有其子。

[taɪm]　　[taɪd]
❷ Time and tide wait for no man.
岁月不等人。

趣味大挑战

读一读，记录下你朗读下面句子的最短时间吧!

There is no need to light a night light on a light night like tonight.
像今晚这样明亮的夜晚，不需要点一盏夜灯。

注：light 有动词"点灯"和名词"灯"两种意思。

🔔 用时_____秒!

124

一 Read and match、读音标，连单词。

eye   ['laɪən]

tie   [naɪf]

knife   [baɪk]

lion   [aɪ]

bike   [taɪ]

[aɪ]

二 Listen, circle and write、听录音，圈出听到的音标，并写出单词。

① [bed]   [bænd]   [bɑːk]   [baɪ]   _____

② [kɑː]   [ketl]   [kaɪt]   [kæt]   _____

③ [draɪv]   ['taɪəd]   [taɪm]   [waɪt]   _____

④ [skaɪ]   [flaɪ]   [maɪ]   [taɪ]   _____

⑤ [klaɪm]   [laɪt]   [waɪt]   [naɪt]   _____

三 Read and write、拼读音标，写出单词。

                    [baɪk]   [flaɪ]   [kaɪts]
① I often ride a _____ and _____ _____ in spring.
春天，我经常骑自行车和放风筝。

                    [tʃaɪld]   [laɪk]
② The little _____ and his mom _____ tidying the room together.
这个小孩和他妈妈喜欢一起打扫房间。

14 双元音 [eɪ]

双元音 [eɪ]

cake [keɪk]

n. 蛋糕

[eɪ]

发音方法

双唇微张，呈微笑状，舌尖抵住下齿，舌位稍稍抬高，发出 [e] 音。然后嘴角拉向两边，宽度变窄，自然过渡，发出 [ɪ] 音。

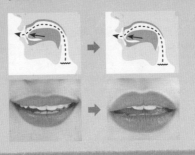

读音归纳

age	→ [eɪdʒ]	*n.* 年龄
date	→ [deɪt]	*n.* 日期
face	→ [feɪs]	*n.* 脸
game	→ [geɪm]	*n.* 游戏
gate	→ [geɪt]	*n.* 门
grape	→ [greɪp]	*n.* 葡萄
headache	→ ['hed,eɪk]	*n.* 头痛
late	→ [leɪt]	*adj.* 晚的
plate	→ [pleɪt]	*n.* 盘子
same	→ [seɪm]	*adj.* 相同的
save	→ [seɪv]	*v.* 拯救
snake	→ [sneɪk]	*n.* 蛇
take	→ [teɪk]	*v.* 拿

读单词，听发音，总结发音规律

[eɪ] 是字母 _____ 在重读开音节中的发音。

126

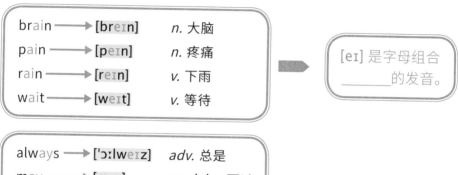

brain ⟶ [breɪn]   n. 大脑
pain ⟶ [peɪn]   n. 疼痛
rain ⟶ [reɪn]   v. 下雨
wait ⟶ [weɪt]   v. 等待

[eɪ] 是字母组合 _____ 的发音。

always ⟶ ['ɔːlweɪz]   adv. 总是
may ⟶ [meɪ]   modal v. 可以
say ⟶ [seɪ]   v. 说
play ⟶ [pleɪ]   v. 玩耍
today ⟶ [tə'deɪ]   n. 今天
way ⟶ [weɪ]   n. 方式

[eɪ] 是字母组合 _____ 的发音。

情境学音

[eɪ]

On National Day, Kate's family will go on a vacation by train. They will stay near a lake. They play games and make cakes. Eight days later, they will take a plane to go back home. They will give their neighbours some gifts. The holiday will be great.

国庆节，凯特一家要乘坐火车去度假。他们暂住湖边，玩游戏，做蛋糕。八天后，他们乘飞机回家。他们会给邻居们送些礼物。假期太美好了。

一起读单词

day [deɪ] *n.* 天

vacation [veɪ'keɪʃn] *n.* 假期

train [treɪn] *n.* 火车

stay [steɪ] *v.* 停留

lake [leɪk] *n.* 湖

make [meɪk] *v.* 制作

cake [keɪk] *n.* 蛋糕

eight [eɪt] *num.* 八

later [leɪtə] *adv.* 后来

plane [pleɪn] *n.* 飞机

neighbour [neɪbə] *n.* 邻居

holiday ['hɒlɪ,deɪ] *n.* 假期

great [greɪt] *adj.* 极好的

[eɪ]

快读快练

[seɪvd]   [geɪnd]

❶ A penny saved is a penny gained.
省一分是一分。

[heɪst] [meɪks] [weɪst]

❷ Haste makes waste.
欲速则不达。

趣味大挑战

读一读，记录下你朗读下面句子的最短时间吧！

The rain in Spain is mainly on the plain.
西班牙的雨一般都下在平原上。

🔔 用时_____秒！

练习

一 Read and match、读音标，连单词。

cake   [pleɪn]

face   [reɪn]

grape   [feɪs]

plane   [keɪk]

rain   [greɪp]

[eɪ]

二 Listen, circle and write、听录音，圈出听到的音标，并写出单词。

① [get] [geɪt] [let] [laɪt] _____

② [sneɪk] [snæk] [ʃeɪk] [seɪk] _____

③ [breɪn] [reɪn] [peɪn] [weɪt] _____

④ [weɪ] [deɪ] [greɪt] [steɪ] _____

⑤ [pleɪ] [ðeɪ] [eɪt] [teɪk] _____

三 Read and write、拼读音标，写出单词。

① Today eight boys walked along the [leɪk] _____ and ate [greɪps] _____.
今天，八个男孩在湖边散步，吃着葡萄。

② They play [geɪmz] _____ and share yummy [keɪks] _____.
他们玩游戏，分享美味的蛋糕。

15 双元音 [ɔɪ]

双元音 [ɔɪ]
boy [bɔɪ]
n. 男孩

发音方法

双唇收圆，振动声带发 [ɒ] 音，然后双唇从圆到扁，滑动到发 [ɪ] 音的位置。前一个音长而强，后一个音短而弱。

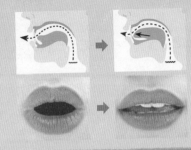

[ɔɪ]

读音归纳

joy ——→ [dʒɔɪ]	n. 欢乐
loyal ——→ ['lɔɪəl]	adj. 忠诚的
royal ——→ ['rɔɪəl]	adj. 皇家的
soy ——→ [sɔɪ]	n. 大豆
toy ——→ [tɔɪ]	n. 玩具

读单词，听发音，
总结发音规律

[ɔɪ] 是字母组合
_____的发音。

boil ——→ [bɔɪl]	v. 煮
choice ——→ ['tʃɔɪs]	n. 选择
coin ——→ [kɔɪn]	n. 硬币
oil ——→ [ɔɪl]	n. 油
point ——→ [pɔɪnt]	n. 要点
soil ——→ [sɔɪl]	n. 土壤
toilet ——→ ['tɔɪlət]	n. 厕所
voice ——→ [vɔɪs]	n. 声音

[ɔɪ] 是字母组合
_____的发音。

[ɔɪ]

A little boy wants to plant soy beans in the garden. He takes his toy and digs the soil. His voice is full of joy. He buries one coin too. He hopes there will be many soy beans and coins in a few months.

一个小男孩想在花园里种大豆。他带着他的玩具，松着土壤。他的声音充满欢乐。他还埋下了一枚硬币。他希望未来的几个月，将会有很多很多大豆和硬币。

快读快练 ▶

[bɔɪz]
❶ Boys will be boys.
本性难移。

[dɪ'strɔɪz]   [tɔɪ]   [nɔɪz]
❷ The boy destroys his toy and makes loud noise.
男孩弄坏了他的玩具，发出了很大的噪音。

一 Read and match、读音标，连单词。

toy   [vɔɪs]

joy   [tɔɪ]

soil   [kɔɪn]

voice   [sɔɪl]

coin   [dʒɔɪ]

[ɔɪ]

二 Listen, circle and write、听录音，圈出听到的音标，并写出单词。

① [ɔɪl]   [tɔɪ]   [kɔɪn]   [sɔɪl]   _____

② ['lɔɪəl]   ['rɔɪəl]   [reɪl]   [raɪl]   _____

③ [bɔɪ]   [tɔɪ]   [sɔɪl]   [bɔɪl]   _____

④ [nɔɪz]   ['nɔɪzi]   [vɔɪs]   ['tʃɔɪs]   _____

⑤ [sɔɪ]   [sɔɪl]   [nɔɪz]   ['nɔɪzi]   _____

三 Read and write、拼读音标，写出单词。

         [ɔɪl]   [bɔɪlɪŋ]

① The _____ is _____.
油沸腾了。

         [tɔɪ]   [dʒɔɪ]

② The _____ brings me _____.
玩具带给我快乐。

16 双元音 [aʊ]

发音代言人

双元音 [aʊ]

mouse [maʊs]

n. 老鼠

发音方法

先将嘴巴张大，舌身放平，舌尖轻抵下齿，发 [ɑ:]。然后双唇收圆，口型变小，舌位稍抬高，向 [ʊ] 过渡。

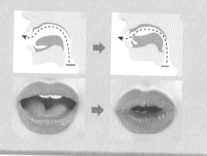

读音归纳

about ⟶ [ə'baʊt]　　*prep.* 关于

blouse ⟶ [blaʊz]　　*n.* （女式）衬衫

cloud ⟶ [klaʊd]　　*n.* 云

hour ⟶ ['aʊə]　　*n.* 小时

our ⟶ ['aʊə]　　*pron.* 我们的

shout ⟶ [ʃaʊt]　　*v.* 大喊

读单词，听发音，总结发音规律

[aʊ] 是字母组合
_____ 的发音。

brown ⟶ [braʊn]　　*adj.* 棕色的

down ⟶ [daʊn]　　*adv.* 向下

now ⟶ [naʊ]　　*adv.* 现在

owl ⟶ [aʊl]　　*n.* 猫头鹰

power ⟶ [paʊə]　　*n.* 能力

shower ⟶ ['ʃaʊə]　　*n.* 阵雨

town ⟶ [taʊn]　　*n.* 城镇

[aʊ] 是字母组合
_____ 的发音。

[aʊ]

A little mouse goes on an outing this Sunday. He and his friend climb mountains and pick flowers. But they get lost. They don't know how to go back. An owl comes to help them and let them stay in his house. At night, they sit on the ground and count stars in the sky.

一只小老鼠这个周日去郊游。他和朋友一起爬山、摘花。但是他们迷路了，不知道如何返回。一只猫头鹰过来帮助他们，让他们暂时住在自己的房子。晚上，他们坐在地上，一起数天上的星星。

outing ['aʊtɪŋ] *n.* 外出
mountain ['maʊntən] *n.* 山
flower [flaʊə] *n.* 花
how [haʊ] *adv.* 怎么样

owl [aʊl] *n.* 猫头鹰
house [haʊs] *n.* 房子
ground [graʊnd] *n.* 地面
count [kaʊnt] *v.* 数数

134

[ˈʃaʊəz]　　　　　[flaʊəz]

❶ April showers bring May flowers.

四月雨带来五月花。

[haʊ] [əˈbaʊt]　　　[əˈlaʊd]

❷ How about reading aloud?

大声读一读怎么样？

趣味大挑战

读一读，记录下你朗读下面句子的最短时间吧！

The mouse and the cow sounded a rousing song.

老鼠和奶牛发出的声音像是一首欢快的歌曲。

 用时＿＿＿＿秒！

[aʊ]

一 Read and match、读音标，连单词。

owl [flaʊə]

mouse [aʊl]

house ['maʊntən]

flower [maʊs]

mountain [haʊs]

[aʊ]

二 Listen, circle and write、听录音，圈出听到的音标，并写出单词。

① [flæʃ]　　[flaʊə]　　[flɔː]　　[flaɪ]　　_____

② [mɪs]　　[mæθs]　　[maʊs]　　[mʌnθ]　　_____

③ ['aʊtɪŋ]　　['maʊntən]　　[naʊ]　　[kaʊnt]　　_____

④ [braʊn]　　[haʊ]　　[taʊn]　　[daʊn]　　_____

⑤ [klaʊd]　　[ʃaʊt]　　[graʊnd]　　[blaʊz]　　_____

三 Read and write、拼读音标，写出单词。

　　　　　　　[haʊs]　　　　　　　　[taʊn]

① I live in a brown _____ in a beautiful _____.

我住在一个美丽城镇里的一座棕色房子里。

　　　　　　　[flaʊəz]　　　　[aʊə]

② My mother waters the _____ in _____ garden every day.

妈妈每天给我们花园里的花浇水。

17 双元音 [əʊ]

发音代言人

双元音 [əʊ]
rose [rəʊz]
n. 玫瑰

发音方法

嘴型扁平，舌尖轻抵下齿，发出 [ə] 音。
然后舌位由半低到高，口型由半开到小，
双唇逐渐收圆，发出短促的 [ʊ] 音。

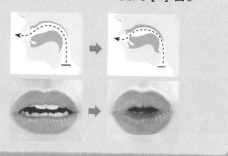

读音归纳

读单词，听发音，
总结发音规律

[əʊ]

alone	→ [ə'ləʊn]	adj. 单独的
home	→ [həʊm]	n. 家
hope	→ [həʊp]	v. 希望
nose	→ [nəʊz]	n. 鼻子
phone	→ [fəʊn]	n. 电话

▶ [əʊ] 是字母 _____ 在重读开音节中的发音。

both	→ [bəʊθ]	pron. 都
cold	→ [kəʊld]	adj. 冷的
go	→ [gəʊ]	v. 去
gold	→ [gəʊld]	n. 黄金
most	→ [məʊst]	adj. 最多的
piano	→ [pɪ'ænəʊ]	n. 钢琴
tomato	→ [tə'mɑːtəʊ]	n. 西红柿

▶ [əʊ] 是字母 _____ 的发音。

coat ⟶ [kəʊt]　　n. 外套

goal ⟶ [gəʊl]　　n. 目标

road ⟶ [rəʊd]　　n. 马路

➡ [əʊ] 是字母组合 _____ 的发音。

below ⟶ [bɪ'ləʊ]　　prep. 在……下面

blow ⟶ [bləʊ]　　v. 吹

bowl ⟶ [bəʊl]　　n. 碗

grow ⟶ [grəʊ]　　v. 生长

know ⟶ [nəʊ]　　v. 知道

show ⟶ [ʃəʊ]　　v. 展示

slow ⟶ [sləʊ]　　adj. 慢的

➡ [əʊ] 是字母组合 _____ 的发音。

情境学音 ▶

[əʊ]

A rabbit climbed out of his hole and hoped to make a friend. He found a goat. The goat wore a yellow coat. The rabbit followed the goat to his home. The goat invited the rabbit to drink coke and eat potatoes.

The rabbit found out that the goat was a robot. He was not a real goat.

一只小兔爬出洞，希望能找到一个朋友。他发现一只山羊。山羊穿着黄色外套。小兔跟着山羊来到他家。山羊请小兔喝可乐，吃土豆。小兔发现山羊原来是个机器人，不是真的山羊。

一起读单词

hole [həʊl] *n.* 洞
goat [gəʊt] *n.* 山羊
yellow ['jeləʊ] *adj.* 黄色的
follow ['fɒləʊ] *v.* 跟随

coke [kəʊk] *n.* 可乐
potato [pə'teɪtəʊ] *n.* 土豆
robot ['rəʊbɒt] *n.* 机器人

快读快练

    [nəʊ] [sməʊk]
❶ There is no smoke without fire.
无火不生烟。

[əʊ]

    ['rəʊlɪŋ] [stəʊn]
❷ A rolling stone gathers no moss.
滚石不长苔。

趣味大挑战

读一读，记录下你朗读下面句子的最短时间吧！

On the boat, there is an old goat. His coat is yellow and his nose is covered with snow.
在船上有一只老山羊。山羊穿着黄色外套，鼻子上还有雪。

用时_____秒！

练习

一 Read and match、读音标，连单词。

rose   [gəʊt]

coat   [həʊm]

goat   ['rəʊbɒt]

home   [kəʊt]

robot   [rəʊz]

二 Listen, circle and write、听录音，圈出听到的音标，并写出单词。

[əʊ]

❶ [gəʊ]   [sləʊ]   [nəʊ]   [ʃəʊ]   _____

❷ [flaʊə]   [flaɪ]   [fəʊn]   [flɔː]   _____

❸ [grəʊ]   [bəʊl]   [bɪ'ləʊ]   [bləʊ]   _____

❹ [kəʊt]   [gəʊt]   [rəʊd]   [gəʊl]   _____

❺ [kəʊld]   [pɪ'ænəʊ]   [tə'mɑːtəʊ]   [pə'teɪtəʊ]   _____

三 Read and write、拼读音标，写出单词。

     [həʊp]   [grəʊ]

❶ I _____ to be a teacher when I _____ up.

我希望长大后成为一名老师。

     [tə'mɑːtəʊz]   [pə'teɪtəʊz]

❷ _____ and _____ are Tony's favorite vegetables.

西红柿和土豆是托尼最喜欢的蔬菜。

140

18 双元音 [ɪə]

[ɪə]

发音代言人

双元音 [ɪə]
ear [ɪə]
n. 耳朵

发音方法

嘴唇向两边展开，成扁平状，舌尖轻抵下齿，发出短 [ɪ] 音。然后很快滑向 [ə] 音，口型由扁变为略开。

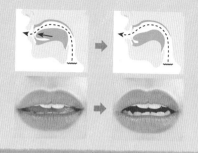

读音归纳

读单词，听发音，总结发音规律

beer ➝ [bɪə]	*n.* 啤酒
career ➝ [kə'rɪə]	*n.* 职业
deer ➝ [dɪə]	*n.* 鹿
volunteer ➝ [ˌvɒlən'tɪə]	*n.* 志愿者

➡ [ɪə] 是字母组合 _____的发音。

dear ➝ [dɪə]	*adj.* 亲爱的
fear ➝ [fɪə]	*v.* 害怕
hear ➝ [hɪə]	*v.* 听见
tear ➝ [tɪə]	*n.* 眼泪

➡ [ɪə] 是字母组合 _____的发音。

here ➝ [hɪə]	*adv.* 这里
mere ➝ [mɪə]	*adj.* 仅仅

➡ [ɪə] 是字母组合 _____的发音。

[ɪə]

A deer had something wrong with one of his ears. He feared that he wouldn't hear anything in the near future. A doctor cheered him up and helped him. He told the doctor that he would be an engineer as his career in a few years.

一只小鹿有一只耳朵坏了。他害怕自己在不远的将来听不见。一个医生鼓励并帮助他。他告诉医生，在未来几年他想把工程师作为自己的职业。

near [nɪə] *adj.* 不久的；近的
cheer [tʃɪə] *v.* 鼓励

engineer [ˌendʒɪ'nɪə] *n.* 工程师
year [jɪə] *n.* 年

❶ The walls have ears!
[ɪəz]
隔墙有耳！

❷ Hearing the news, he drops tears.
[hɪərɪŋ]　　　　　　　　[tɪəz]
听到这个消息，他落下了眼泪。

趣味大挑战

读一读，记录下你朗读下面句子的最短时间吧！

Next year the bearded bear will have a dear baby.
明年，大胡子熊将有一头可爱的小幼崽。

🔔 用时_____秒！

[ɪə]

一 Read and match、读音标，连单词。

ear   [ˌendʒɪ'nɪə]

deer   [ɪə]

beer   [ˌvɒlən'tɪə]

engineer   [dɪə]

volunteer [bɪə]

二 Listen, circle and write、听录音，圈出听到的音标，并写出单词。

[ɪə]

① [deə]   [dɪə]   [ʃeə]   [ʃʊə]   _____

② [fɪə]   [faɪə]   [pjʊə]   [peə]   _____

③ [dɪə]   [nɪə]   [tɪə]   [jɪə]   _____

④ [hɪə]   [mɪə]   [bɪə]   [tʃɪə]   _____

⑤ [kə'rɪə] [ˌendʒɪ'nɪə] [ˌvɒlən'tɪə] [aɪ'dɪə] _____

三 Read and write、拼读音标，写出单词。

① I'll work as a [ˌvɒlən'tɪə] _____ to help kids who can't [hɪə] _____.

我要做一名志愿者，帮助听不见的孩子们。

② There is only one bottle of [bɪə] _____ and we need to go to the

shop [nɪə] _____ our home.

只有一瓶啤酒了，我们需要去家附近的商店购买。

19 双元音 [eə]

双元音 [eə]

bear [beə]

n. 熊

发音方法

舌尖轻抵下齿，双唇半开，成扁平状，上下齿间容纳一根手指的距离，发出 [e] 音。很快滑向 [ə] 音，双唇由半开到自然张开。

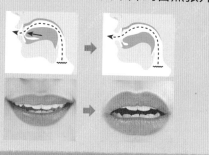

读音归纳

读单词，听发音，总结发音规律

[eə]

care ——→ [keə]	v. 关心
compare ——→ [kəm'peə]	v. 比较
dare ——→ [deə]	v. 敢
parent ——→ ['peərənt]	n. 父母
share ——→ [ʃeə]	v. 分享
stare ——→ [steə]	v. 凝视

[eə] 是字母组合 _____的发音。

bear ——→ [beə]	n. 熊
pear ——→ [peə]	n. 梨
wear ——→ [weə]	v. 穿

[eə] 是字母组合 _____的发音。

there ——→ [ðeə]	adv. 在那里
where ——→ [weə]	adv. 哪里

[eə] 是字母组合 _____的发音。

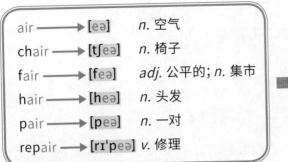

air ——→ [eə]　　*n.* 空气

chair ——→ [tʃeə]　　*n.* 椅子

fair ——→ [feə]　　*adj.* 公平的; *n.* 集市

hair ——→ [heə]　　*n.* 头发

pair ——→ [peə]　　*n.* 一对

repair ——→ [rɪ'peə]　　*v.* 修理

[eə] 是字母组合
_____ 的发音。

情境学音

[eə]

　　A bear sat down on a chair. He took care of his parents. He shared a funny story with them. One of his friends wanted to wear a suit and tie to a fair to buy a pair of vases. But he put some pears in the vases not flowers.

　　一只熊坐在椅子上。他照顾着他的父母。他跟他们分享了一个有趣的故事。他的一个朋友穿着西装、打着领带，去集市买了一对花瓶。但他却往花瓶里装梨，而不是放花。

[keə]   [ðeə]   [tʃeə]   [steəz]
❶ Take care! There's a chair at the foot of the stairs.
当心！楼梯底部有一把椅子。

··

            [heə]   [kəmˈpeərɪŋ]   [keə]
❷ The girl with golden hair is comparing the results with great care.
那位金头发的女孩正在详细比较结果。

趣味大挑战

读一读，记录下你朗读下面句子的最短时间吧！

The man with fair hair dare not repair their chair there because there is a bear there.
那个金发男子不敢修理那边的椅子，因为那里有一只熊。

注：fair 在这里是"（头发）金色的"意思。

🔔 用时_____秒！

[eə]

扫码做练习

一 Read and match、读音标，连单词。

bear   [steə]

pear   [tʃeə]

chair   [heə]

hair   [peə]

stair   [beə]

二 Listen, circle and write、听录音，圈出听到的音标，并写出单词。

❶ [deɪ]   [daɪ]   [dɪə]   [deə]   _____

❷ [heə]   [hɪə]   [haʊs]   [həʊl]   _____

❸ [eə]   [beə]   [weə]   [keə]   _____

[eə]

❹ [ðeə]   [rɪ'peə]   [feə]   [tʃeə]   _____

❺ ['peərənt]   [ʃeə]   [steə]   [kəm'peə]   _____

三 Read and write、拼读音标，写出单词。

['peərənts]   [keə]

❶ My _____ often take good _____ of me.

我父母经常细心照顾我。

[ʃeə]

❷ I usually _____ my story with mom. Dad thinks it is not

[feə]

_____.

我常常跟妈妈分享我的故事。爸爸认为这不公平。

[eə]

20 双元音 [ʊə]

双元音 [ʊə]

tour [tʊə]

n. 旅游

发音方法

双唇收圆，略向前突出，发出 [ʊ] 音。
然后放松肌肉，自然过渡滑向 [ə] 音。

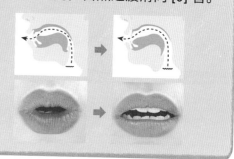

读音归纳

cure ⟶ [kjʊə]	v. 治疗
pure ⟶ [pjʊə]	adj. 纯的
sure ⟶ [ʃʊə]	adj. 确信的
poor ⟶ [pʊə]	adj. 贫穷的
tourist ⟶ ['tʊərɪst]	n. 旅行者

读单词，听发音，
总结发音规律

[ʊə] 是字母组合

_____、_____

和_____在单词

中的发音。

[ʊə]

快读快练

[ʃʊə]
❶ I'm not sure.
我不确定。

- -

[pʊə]
❷ He is poor in English writing.
他在英语写作方面较差。

附录 A 练习参考答案

Part 1 辅音

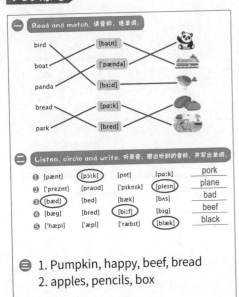

一、Read and match. 读音标，连单词。

bird — [bəʊt]
boat — ['pændə]
panda — [bɜːd]
bread — [pɑːk]
park — [bred]

二、Listen, circle and write. 听录音，圈出听到的音标，并写出单词。

① [pænt] ([pɔːk]) [pɒt] [pɑːk] — pork
② ['preznt] ['praʊd] ['pɪknɪk] ([pleɪn]) — plane
③ ([bæd]) [bed] [bæk] [bʌs] — bad
④ [bæg] [bred] ([biːf]) [bɪg] — beef
⑤ ['hæpi] ['æpl] ['ræbɪt] ([blæk]) — black

三、1. Pumpkin, happy, beef, bread
2. apples, pencils, box

一、Read and match. 读音标，连单词。

dance — ['dɜːti]
taxi — ['dʌmplɪŋz]
dirty — ['tæksi]
towel — ['taʊəl]
dumplings — [dɑːns]

二、Listen, circle and write. 听录音，圈出听到的音标，并写出单词。

① ([teɪl]) [tɔːl] [tent] [teɪk] — tail
② [dɒg] [dɔː] ([dɒl]) [dʌk] — doll
③ ['bʌtə] ['letə] (['lɪtl]) ['bɒtl] — little
④ ['dɜːti] [dɑːns] [deɪ] [dɪə] — deer/dear
⑤ ['sʌn] ([lɪsn]) ['ɒfn] ['aɪlənd] — listen

三、1. dad, dirty, towels
2. deer, taxi

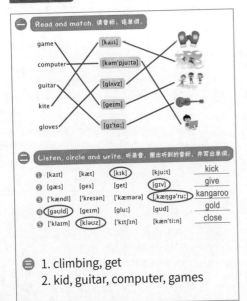

一、Read and match. 读音标，连单词。

game — [kaɪt]
computer — [kəm'pjuːtə]
guitar — [glʌvz]
kite — [geɪm]
gloves — [gɪ'tɑː]

二、Listen, circle and write. 听录音，圈出听到的音标，并写出单词。

① [kaɪt] [kæt] ([kɪk]) [kjuːt] — kick
② [gæs] [ges] [get] ([gɪv]) — give
③ ['kændl] ['kreɪən] ['kæmərə] ([kæŋgə'ruː]) — kangaroo
④ ([gəʊld]) [geɪm] [gluː] [gʊd] — gold
⑤ ['klaɪm] ([kləʊz]) ['kɪtʃɪn] [kæn'tiːn] — close

三、1. climbing, get
2. kid, guitar, computer, games

一、Read and match. 读音标，连单词。

film — ['vɒlɪ,bɔːl]
elephant — [fæn]
village — ['vɪlɪdʒ]
fan — [fɪlm]
volleyball — ['elɪfənt]

二、Listen, circle and write. 听录音，圈出听到的音标，并写出单词。

① ([fæt]) [flæt] [faɪv] [faʊn] — fat
② [vɑːz] [,vɑɪə'lɪn] ([vɔɪs]) ['vɪzɪt] — voice
③ ['fiːvə] [fɪʃ] ([freʃ]) ['fɪnɪʃ] — fresh
④ ([liːv]) [lɪv] [draɪv] [keɪv] — leave
⑤ [fɔːl] ['fɒrɪst] [frend] ([fʊtbɔːl]) — football

三、1. Friday, friend, visited, river
2. finger, volleyball

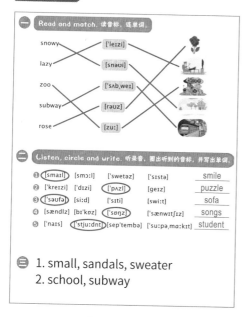

Read and match. 读音标，连单词。

snowy
lazy
zoo
subway
rose

['leɪzi]
['snəʊi]
['sʌbˌweɪ]
[rəʊz]
[zu:]

Listen, circle and write. 听录音，圈出听到的音标，并写出单词。

① [smaɪl] [smɔ:l] ['sweɪə] ['sɪstə] — smile
② ['kreɪzi] ['dɪzi] ['pʌzl] [geɪz] — puzzle
③ ['səʊfə] [si:d] ['sɪti] [swi:t] — sofa
④ [sændlz] [br'kɒz] ['sɒŋz] ['sænwɪtʃɪz] — songs
⑤ ['naɪs] ['stjuːdnt] [sep'tembə] ['su:pə,ma:kɪt] — student

≡ 1. small, sandals, sweater
2. school, subway

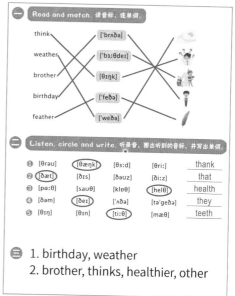

Read and match. 读音标，连单词。

think
weather
brother
birthday
feather

['brʌðə]
['bɜ:θdeɪ]
[θɪŋk]
['feðə]
['weðə]

Listen, circle and write. 听录音，圈出听到的音标，并写出单词。

① [θrəʊ] [θæŋk] [θɜ:d] [θri:] — thank
② [ðæt] [ðɪs] [ðaʊz] [ði:z] — that
③ [pa:θ] [saʊθ] [klɒθ] [helθ] — health
④ [ðəm] [ðeɪ] ['ʌðə] [tə'geðə] — they
⑤ [θɪŋ] [θɪn] [ti:θ] [mæθ] — teeth

≡ 1. birthday, weather
2. brother, thinks, healthier, other

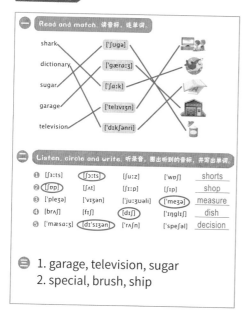

Read and match. 读音标，连单词。

shark
dictionary
sugar
garage
television

['ʃʊgə]
['gæra:ʒ]
['ʃa:k]
['telɪvɪʒn]
['dɪkʃənri]

Listen, circle and write. 听录音，圈出听到的音标，并写出单词。

① [ʃɜ:ts] [ʃɔ:ts] [ʃu:z] ['wɒʃ] — shorts
② [ʃɒp] [ʃʌt] [ʃi:p] [ʃɪp] — shop
③ ['pleʒə] ['vɪʒən] ['ju:ʒuəli] ['meʒə] — measure
④ [brʌʃ] [fɪʃ] [dɪʃ] ['ɪŋglɪʃ] — dish
⑤ ['mæsa:ʒ] [dɪ'sɪʒən] ['rʌʃn] ['speʃəl] — decision

≡ 1. garage, television, sugar
2. special, brush, ship

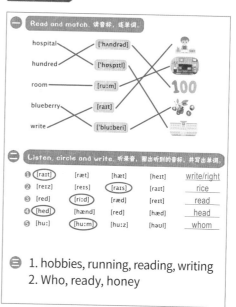

Read and match. 读音标，连单词。

hospital
hundred
room
blueberry
write

['hʌndrəd]
['hɒspɪtl]
[ru:m]
[raɪt]
['blu:beri]

Listen, circle and write. 听录音，圈出听到的音标，并写出单词。

① [raɪt] [ræt] [hæt] [heɪt] — write/right
② [reɪz] [reɪs] [raɪs] [raɪt] — rice
③ [red] [ri:d] [ræd] [reɪt] — read
④ [hed] [hænd] [red] [hæd] — head
⑤ [hu:] [hu:m] [hu:z] [həʊl] — whom

≡ 1. hobbies, running, reading, writing
2. Who, ready, honey

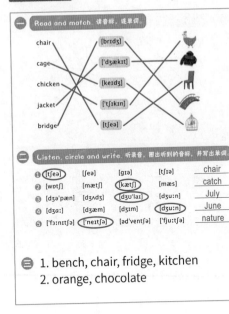

Read and match. 读音标，连单词。

chair — [brɪdʒ]
cage — ['dʒækɪt]
chicken — [keɪdʒ]
jacket — ['tʃɪkɪn]
bridge — [tʃeə]

Listen, circle and write. 听录音，圈出听到的音标，并写出单词。

1. ([tʃeə]) [ʃeə] [gɪə] [tʃɪə] — chair
2. [wɒtʃ] [mætʃ] ([kætʃ]) [mæs] — catch
3. [dʒə'pæn] [dʒʌdʒ] ([dʒu'laɪ]) [dʒu:n] — July
4. [dʒɑ:] [dʒæm] [dʒɪm] ([dʒu:n]) — June
5. ['fɜ:nɪtʃə] (['neɪtʃə]) [əd'ventʃə] ['fju:tʃə] — nature

1. bench, chair, fridge, kitchen
2. orange, chocolate

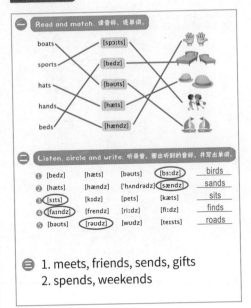

Read and match. 读音标，连单词。

boats — [spɔ:ts]
sports — [bedz]
hats — [bəuts]
hands — [hæts]
beds — [hændz]

Listen, circle and write. 听录音，圈出听到的音标，并写出单词。

1. [bedz] [hæts] [bəuts] ([bɜ:dz]) — birds
2. [hæts] [hændz] ['hʌndrədz] ([sændz]) — sands
3. ([sɪts]) [kɪdz] [pets] [kæts] — sits
4. ([faɪndz]) [frendz] [ri:dz] [fi:dz] — finds
5. [bəuts] ([rəudz]) [wʊdz] [teɪsts] — roads

1. meets, friends, sends, gifts
2. spends, weekends

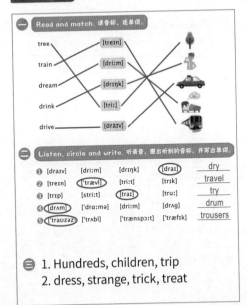

Read and match. 读音标，连单词。

tree — [treɪn]
train — [dri:m]
dream — [drɪŋk]
drink — [tri:]
drive — [draɪv]

Listen, circle and write. 听录音，圈出听到的音标，并写出单词。

1. [draɪv] [dri:m] [drɪŋk] ([draɪ]) — dry
2. [treɪn] (['trævl]) [tri:t] [trɪk] — travel
3. [trɪp] [stri:t] ([traɪ]) [tru:] — try
4. ([drʌm]) ['drɑ:mə] [dri:m] [drʌg] — drum
5. (['traʊzəz]) ['trʌbl] ['trænspɔ:t] ['træfɪk] — trousers

1. Hundreds, children, trip
2. dress, strange, trick, treat

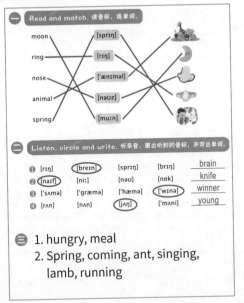

Read and match. 读音标，连单词。

moon — [sprɪŋ]
ring — [rɪŋ]
nose — ['ænɪməl]
animal — [nəuz]
spring — [mu:n]

Listen, circle and write. 听录音，圈出听到的音标，并写出单词。

1. [rɪŋ] ([breɪn]) [sprɪŋ] [brɪŋ] — brain
2. ([naɪf]) [ni:] [nəu] [nɒk] — knife
3. ['sʌmə] ['græmə] ['hæmə] (['wɪnə]) — winner
4. [rʌn] [nʌn] ([jʌŋ]) ['mʌni] — young

1. hungry, meal
2. Spring, coming, ant, singing, lamb, running

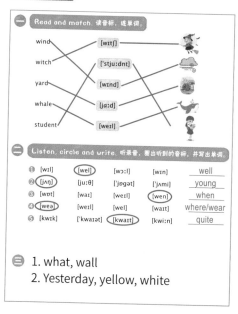

Read and match. 读音标, 连单词。

wind — [wɪtʃ]
witch — ['stjuːdnt]
yard — [wɪnd]
whale — [jaːd]
student — [weɪl]

Listen, circle and write. 听录音, 圈出听到的音标, 并写出单词。

①	[wɪl]	(wel)	[wɔːl]	[wɪn]	well
②	(jʌn)	[juːθ]	['jɒgət]	['jʌmi]	young
③	[wɒt]	[waɪ]	[weɪl]	(wen)	when
④	(weə)	[weɪl]	[wel]	[waɪt]	where/wear
⑤	[kwɪk]	['kwaɪət]	(kwaɪt)	[kwiːn]	quite

1. what, wall
2. Yesterday, yellow, white

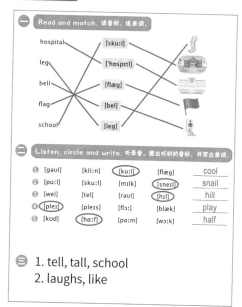

Read and match. 读音标, 连单词。

hospital — [skuːl]
leg — ['hɒspɪtl]
bell — [flæg]
flag — [bel]
school — [leg]

Listen, circle and write. 听录音, 圈出听到的音标, 并写出单词。

①	[gəʊl]	[kliːn]	(kuːl)	[flæg]	cool
②	[puːl]	[skuːl]	[mɪlk]	(sneɪl)	snail
③	[wel]	[tel]	[rəʊl]	(hɪl)	hill
④	(pleɪ)	[pleɪs]	[flɔː]	[blæk]	play
⑤	[kʊd]	(haːf)	[paːm]	[wɔːk]	half

1. tell, tall, school
2. laughs, like

Part 2 元音

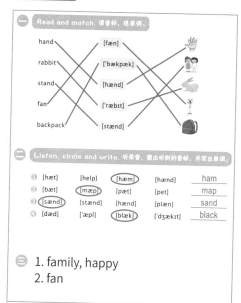

Read and match. 读音标, 连单词。

hand — [fæn]
rabbit — ['bækpæk]
stand — [hænd]
fan — ['ræbɪt]
backpack — [stænd]

Listen, circle and write. 听录音, 圈出听到的音标, 并写出单词。

①	[hæt]	[help]	(hæm)	[hænd]	ham
②	[bæt]	(mæp)	[pæt]	[pet]	map
③	(sænd)	[stænd]	[hænd]	[plæn]	sand
④	[dæd]	['æpl]	(blæk)	['dʒækɪt]	black

1. family, happy
2. fan

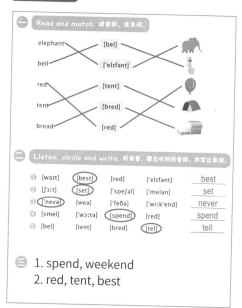

Read and match. 读音标, 连单词。

elephant — [bel]
bell — ['elɪfənt]
red — [tent]
tent — [bred]
bread — [red]

Listen, circle and write. 听录音, 圈出听到的音标, 并写出单词。

①	[waɪt]	(best)	[red]	['elɪfənt]	best
②	[ʃɔːt]	(set)	['speʃəl]	['melən]	set
③	('nevə)	[weə]	['feðə]	['wiːk'end]	never
④	[smel]	['wɔːtə]	(spend)	[red]	spend
⑤	[bel]	[tent]	[bred]	(tel)	tell

1. spend, weekend
2. red, tent, best

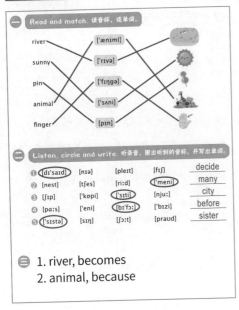

P85 练习

一 Read and match. 读音标，连单词。

river ['ænɪml]
sunny ['rɪvə]
pin ['fɪŋgə]
animal ['sʌni]
finger [pɪn]

二 Listen, circle and write. 听录音，圈出听到的音标，并写出单词。

① [dɪˈsaɪd] [nɪə] [pleɪt] [fɪʃ] — decide
② [nest] [tʃes] [ri:d] ['meni] — many
③ [ʃɪp] ['kɒpi] ['sɪti] [nju:] — city
④ [pɑ:s] ['eni] [bɪ'fɔ:] ['bɪzi] — before
⑤ ['sɪstə] [sɪŋ] [ʃɔ:t] [praʊd] — sister

三 1. river, becomes
2. animal, because

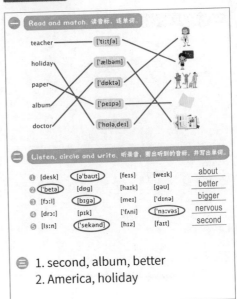

P89 练习

一 Read and match. 读音标，连单词。

teacher ['ti:tʃə]
holiday ['ælbəm]
paper ['dɒktə]
album ['peɪpə]
doctor ['hɒlə,deɪ]

二 Listen, circle and write. 听录音，圈出听到的音标，并写出单词。

① [desk] [əˈbaʊt] [feɪs] [weɪk] — about
② ['betə] [dɒg] [hɑːk] [gəʊ] — better
③ [fɔ:l] [bɪgə] [meɪ] ['dɪnə] — bigger
④ [drɔ:] [pɪk] ['fʌni] ['nɜ:vəs] — nervous
⑤ [lɜ:n] ['sekənd] [hɪz] [faɪt] — second

三 1. second, album, better
2. America, holiday

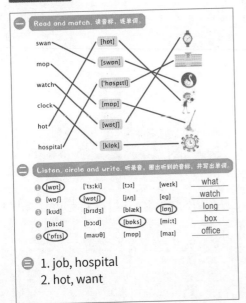

P93 练习

一 Read and match. 读音标，连单词。

swan [hɒt]
mop [swɒn]
watch ['hɒspɪtl]
clock [mɒp]
hot [wɒtʃ]
hospital [klɒk]

二 Listen, circle and write. 听录音，圈出听到的音标，并写出单词。

① [wɒt] ['tɜ:ki] [tɔɪ] [weɪk] — what
② [wɒʃ] [wɒtʃ] [jʌn] [eg] — watch
③ [kʊd] [brɪdʒ] [blæk] [lɒŋ] — long
④ [bɜ:d] [bɔ:d] [bɒks] [mi:t] — box
⑤ ['ɒfɪs] [maʊθ] [mɒp] [maɪ] — office

三 1. job, hospital
2. hot, want

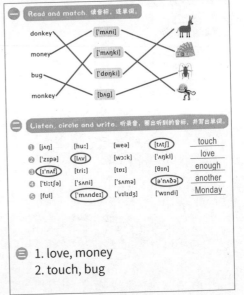

P97 练习

一 Read and match. 读音标，连单词。

donkey ['mʌni]
money ['mʌŋki]
bug ['dɒŋki]
monkey [bʌg]

二 Listen, circle and write. 听录音，圈出听到的音标，并写出单词。

① [jʌŋ] [hu:] [weə] [tʌtʃ] — touch
② ['zɪpə] [lʌv] [wɔ:k] ['ʌŋkl] — love
③ [ɪ'nʌf] [tri:] [tɔɪ] [θɪn] — enough
④ ['ti:tʃə] ['sʌni] ['sʌmə] [ə'nʌðə] — another
⑤ [fʊl] ['mʌndeɪ] ['vɪlɪdʒ] ['wɪndi] — Monday

三 1. love, money
2. touch, bug

P101 练习

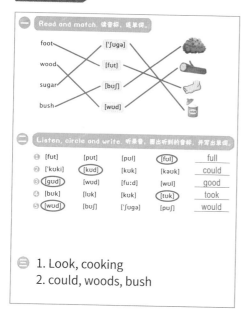

Read and match. 读音标，连单词。

foot — ['ʃugə]
wood — [fʊt]
sugar — [bʊʃ]
bush — [wʊd]

Listen, circle and write. 听录音，圈出听到的音标，并写出单词。

① [fʊt] [pʊt] [pʊl] （[fʊl]） full
② ['kʊki] （[kʊd]） [kʊk] [kəʊk] could
③ （[gʊd]） [wʊd] [fu:d] [wʊl] good
④ [bʊk] [lʊk] [kʊk] （[tʊk]） took
⑤ （[wʊd]） [bʊʃ] ['ʃugə] [pʊʃ] would

1. Look, cooking
2. could, woods, bush

P105 练习

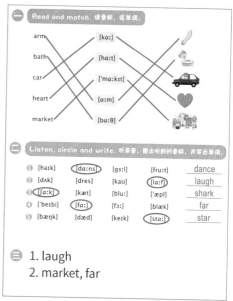

Read and match. 读音标，连单词。

arm — [ka:]
bath — [ha:t]
car — ['ma:kɪt]
heart — [a:m]
market — [ba:θ]

Listen, circle and write. 听录音，圈出听到的音标，并写出单词。

① [haɪk] （[da:ns]） [gɜ:l] [fru:t] dance
② [dʌk] [dres] [kaʊ] （[la:f]） laugh
③ （[ʃa:k]） [kæt] [blu:] [æpl] shark
④ ['beɪbi] （[fa:]） [fɔ:] [blæk] far
⑤ [bæŋk] [dæd] [keɪk] （[sta:]） star

1. laugh
2. market, far

P109 练习

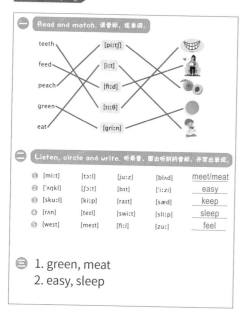

Read and match. 读音标，连单词。

teeth — [pi:tʃ]
feed — [i:t]
peach — [fi:d]
green — [ti:θ]
eat — [gri:n]

Listen, circle and write. 听录音，圈出听到的音标，并写出单词。

① [mi:t] [tɔ:l] [ju:z] [blʌd] meet/meat
② ['ʌŋkl] [ʃɔ:t] [bɪt] ['i:zi] easy
③ [sku:l] [ki:p] [raɪt] [sæd] keep
④ [rʌn] [teɪl] [swɪt] [sli:p] sleep
⑤ [weɪt] [meɪt] [fi:l] [zu:] feel

1. green, meat
2. easy, sleep

P113 练习

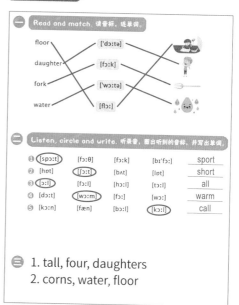

Read and match. 读音标，连单词。

floor — ['dɔ:tə]
daughter — [fɔ:k]
fork — ['wɔ:tə]
water — [flɔ:]

Listen, circle and write. 听录音，圈出听到的音标，并写出单词。

① （[spɔ:t]） [fɔ:θ] [fɔ:k] [brɪfɔ:] sport
② [hɒt] （[ʃɔ:t]） [bʌt] [lɒt] short
③ （[ɔ:l]） [fɔ:l] [hɔ:l] [tɔ:l] all
④ [dɔ:t] （[wɔ:m]） [fɔ:] [wɔ:] warm
⑤ [kɔ:n] [fæn] [bɔ:l] （[kɔ:l]） call

1. tall, four, daughters
2. corns, water, floor

P117 练习

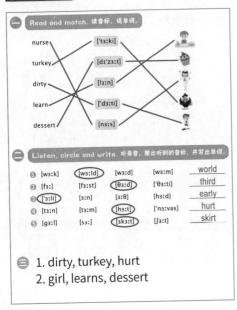

一 Read and match. 读音标，连单词。

nurse   ['tɜːki]
turkey   [dɪ'zɜːt]
dirty   [lɜːn]
learn   ['dɜːti]
dessert   [nɜːs]

二 Listen, circle and write. 听录音，圈出听到的音标，并写出单词。

①	[wɜːk]	([wɜːld])	[wɜːd]	[wɜːm]	world
②	[fɜː]	[fɜːst]	([θɜːd])	['θɜːti]	third
③	(['ɜːli])	[ɜːn]	[ɜːθ]	[hɜːd]	early
④	[tɜːn]	[tɜːm]	([hɜːt])	['nɜːvəs]	hurt
⑤	[gɜːl]	[sɜː]	([skɜːt])	[lɜːt]	skirt

三 1. dirty, turkey, hurt
    2. girl, learns, dessert

P121 练习

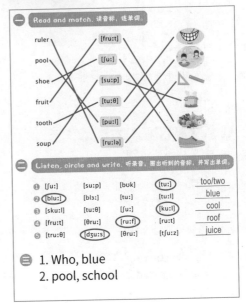

一 Read and match. 读音标，连单词。

ruler   [fruːt]
pool   [ʃuː]
shoe   [suːp]
fruit   [tuːθ]
tooth   [puːl]
soup   [ruːlə]

二 Listen, circle and write. 听录音，圈出听到的音标，并写出单词。

①	[ʃuː]	[suːp]	[bʊk]	([tuː])	too/two
②	([bluː])	[blɜː]	[tuː]	[tuːl]	blue
③	[skuːl]	[tuːθ]	[ʃuː]	([kuːl])	cool
④	[fruːt]	[θruː]	([ruːf])	[ruːt]	roof
⑤	[truːθ]	([dʒuːs])	[θruː]	[tʃuːz]	juice

三 1. Who, blue
    2. pool, school

P125 练习

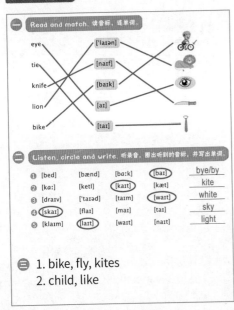

一 Read and match. 读音标，连单词。

eye   ['laɪən]
tie   [naɪf]
knife   [baɪk]
lion   [aɪ]
bike   [taɪ]

二 Listen, circle and write. 听录音，圈出听到的音标，并写出单词。

①	[bed]	[bænd]	[baːk]	([baɪ])	bye/by
②	[kɑː]	[ketl]	([kaɪt])	[kæt]	kite
③	[draɪv]	['taɪəd]	[taɪm]	([waɪt])	white
④	([skaɪ])	[flaɪ]	[maɪ]	[taɪ]	sky
⑤	[klaɪm]	([laɪt])	[waɪt]	[naɪt]	light

三 1. bike, fly, kites
    2. child, like

P129 练习

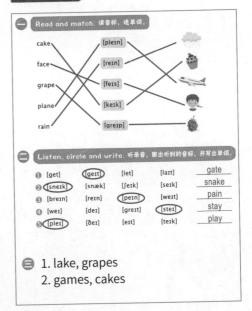

一 Read and match. 读音标，连单词。

cake   [pleɪn]
face   [reɪn]
grape   [feɪs]
plane   [keɪk]
rain   [greɪp]

二 Listen, circle and write. 听录音，圈出听到的音标，并写出单词。

①	[get]	([geɪt])	[let]	[laɪt]	gate
②	([sneɪk])	[snæk]	[ʃeɪk]	[seɪk]	snake
③	[breɪn]	[reɪn]	([peɪn])	[weɪt]	pain
④	[weɪ]	[deɪ]	[greɪt]	([steɪ])	stay
⑤	([pleɪ])	[ðeɪ]	[eɪt]	[teɪk]	play

三 1. lake, grapes
    2. games, cakes

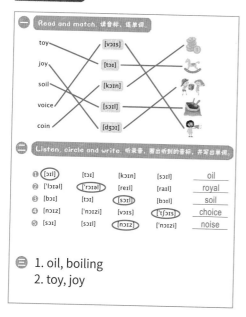

1. oil, boiling
2. toy, joy

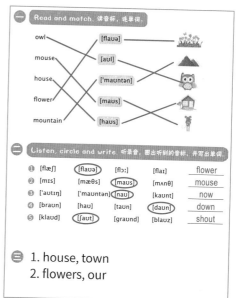

1. house, town
2. flowers, our

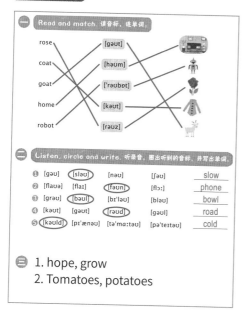

1. hope, grow
2. Tomatoes, potatoes

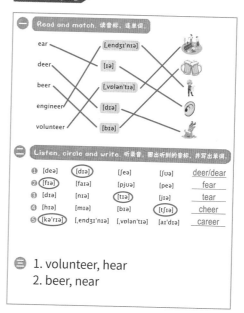

1. volunteer, hear
2. beer, near

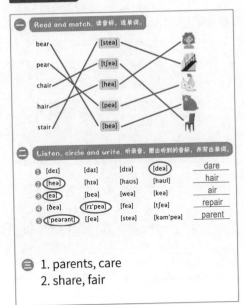

○ Read and match. 读音标，连单词。

bear   [steə]

pear   [tʃeə]

chair   [heə]

hair   [peə]

stair   [beə]

⊜ Listen, circle and write. 听录音，圈出听到的音标，并写出单词。

❶ [deɪ]   [daɪ]   [dɪə]   ([deə])   <u>dare</u>

❷ ([heə])   [hɪə]   [haʊs] [haʊl]   <u>hair</u>

❸ ([eə])   [beə]   [weə]   [keə]   <u>air</u>

❹ [ðeə]   ([rɪ'peə]) [feə]   [tʃeə]   <u>repair</u>

❺ (['peərənt]) [ʃeə]   [steə] [kəm'peə] <u>parent</u>

⊜ 1. parents, care
    2. share, fair

NOTES

NOTES